新聞・テレビ・ネット
ではわからない

日本経済

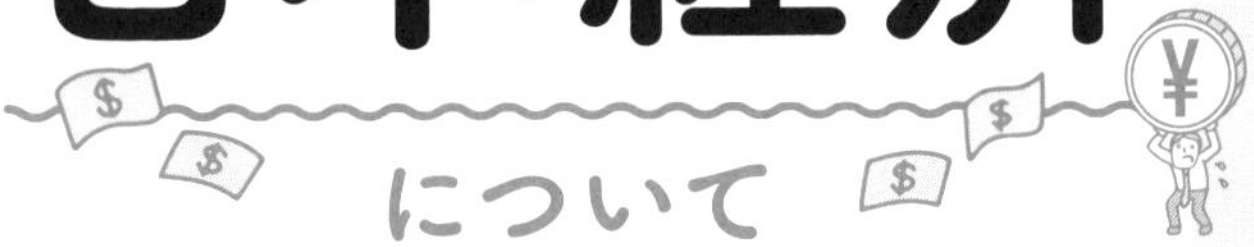

について
髙橋洋一先生に聞いてみた

髙橋洋一 監修

Gakken

巻頭特集

メディアにだまされるな!

あなたの知らない 日本経済 3つの真実!

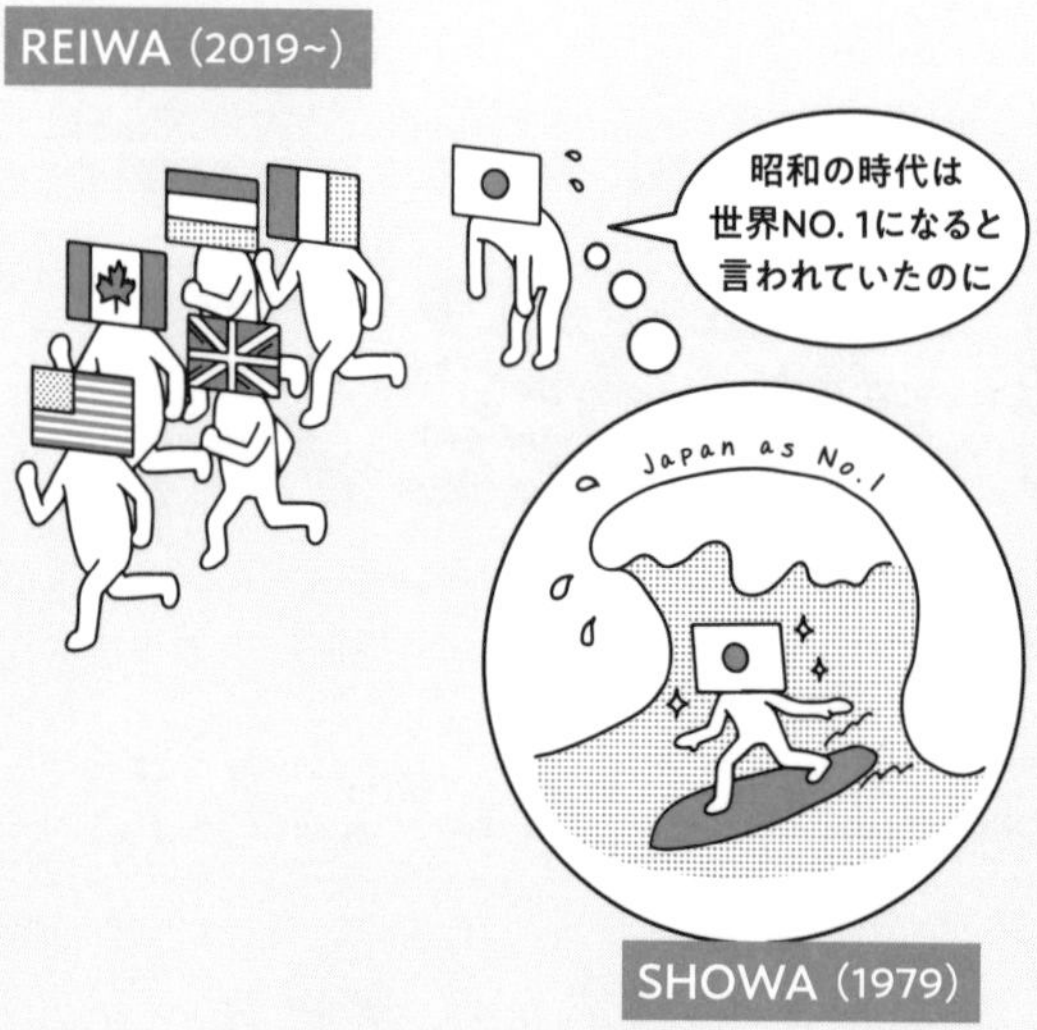

REIWA (2019~)
昭和の時代は
世界NO. 1になると
言われていたのに
Japan as No.1
SHOWA (1979)

日本は「経済成長」していない

日本は世界有数の経済大国であるというイメージを持たれている方が多いのではないでしょうか。

実際、日本をグローバルな目で見てみると、**GDP（国内総生産、20ページ参照）では世界第3位という規模を誇っている**のです。米国に次いで第2位となったのが1968年。2010年には中国に抜かれ3位とはなりましたが、その後も堂々の3位なのです。

日本経済は世界第3位だし、今も経済大国だと思っていませんか？（詳しくは34ページ）
物価上昇
お金
賃金・消費up

■主要先進国の名目GDPの推移（1991年＝100として指数化）

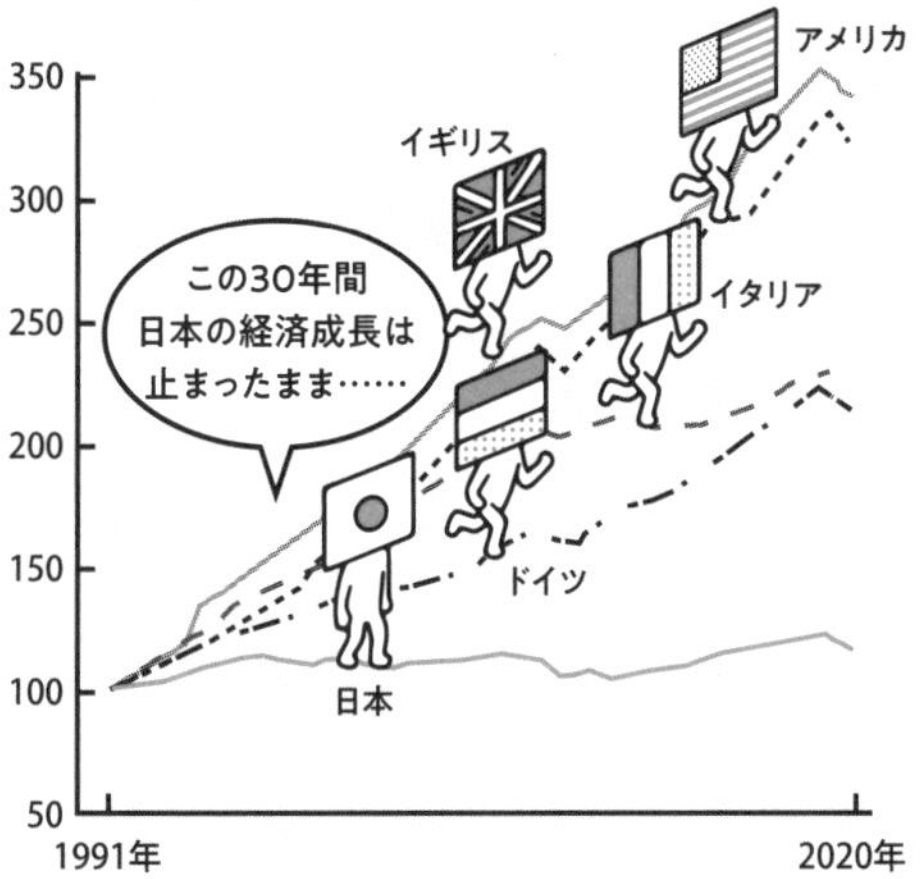
350
300
250
200
150
100
50
1991年
2020年
アメリカ
イギリス
イタリア
ドイツ
日本
この30年間
日本の経済成長は
止まったまま……

出典：United Nations　National Accounts - Analysis of Main Aggregates (AMA)
「Data Selection」より、G 7の名目 GDP（各国通貨基準）の最近 30 年間の推移をもとに作成

ただし、**ＧＤＰは規模で見るものではなく、前年比でどの程度成長したかという「成長率」で見る指標**です。

過去30年を振り返ると、上のグラフのように、**実はほとんど成長していないというのが事実**です。

アメリカやイギリスが3倍、ドイツ、フランス、イタリアが2倍以上に成長している中、日本だけは惨憺たるものです。

アベノミクス以降の10年で日本は少しずつ活力を取り戻しています。２０２３年は飛躍の年になるのでしょうか？

日本は「デフレ脱却」していない

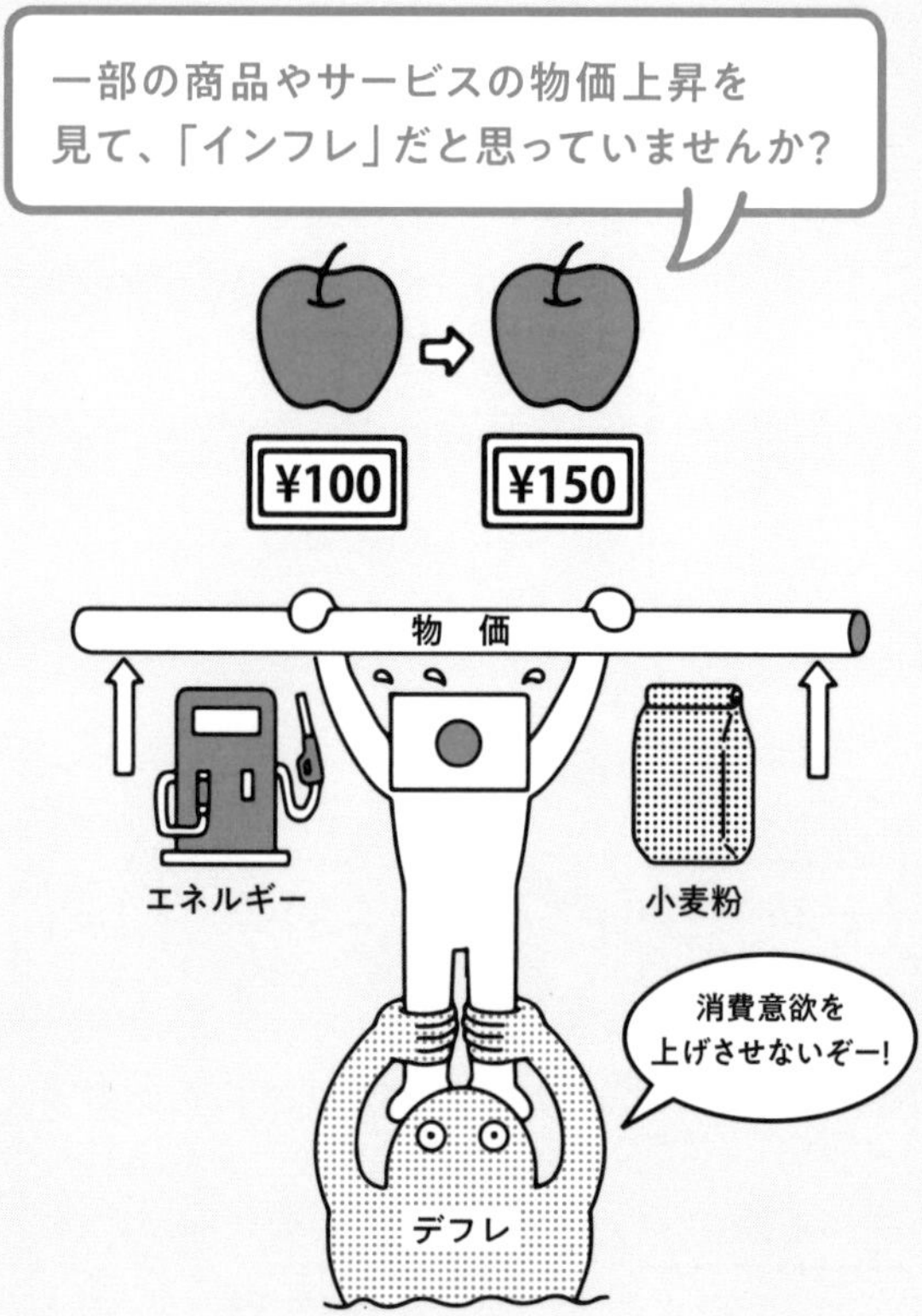
一部の商品やサービスの物価上昇を
見て、「インフレ」だと思っていませんか？
¥100
¥150
物価
エネルギー
小麦粉
消費意欲を
上げさせないぞー！
デフレ

「日本はどんどん物価が上がっている」とほとんどの人が思っていることでしょう。

たしかに2022年12月の消費者物価指数（CPI）は前年同月比4％と上がっています。ただし、その内訳は、**エネルギーと生鮮食品の値上がり部分がほとんどを占めています**。

エネルギー価格が上がっているのは、ロシアによるウクライナ侵攻が理由。生鮮食品や関連する食品が上がっているのが円安のためなのは、みなさんご存知のとおりです。

そもそも、**物価が上がるのは、「人々がモノを買いたがる**

■CPI、コアCPI、コアコアCPIの推移

本当に物価が上がっているのかを見るには外的要因に左右される食品とエネルギーの価格を入れるべきではない＝コアコアCPIを見る必要がある！（詳しくは60ページへ）

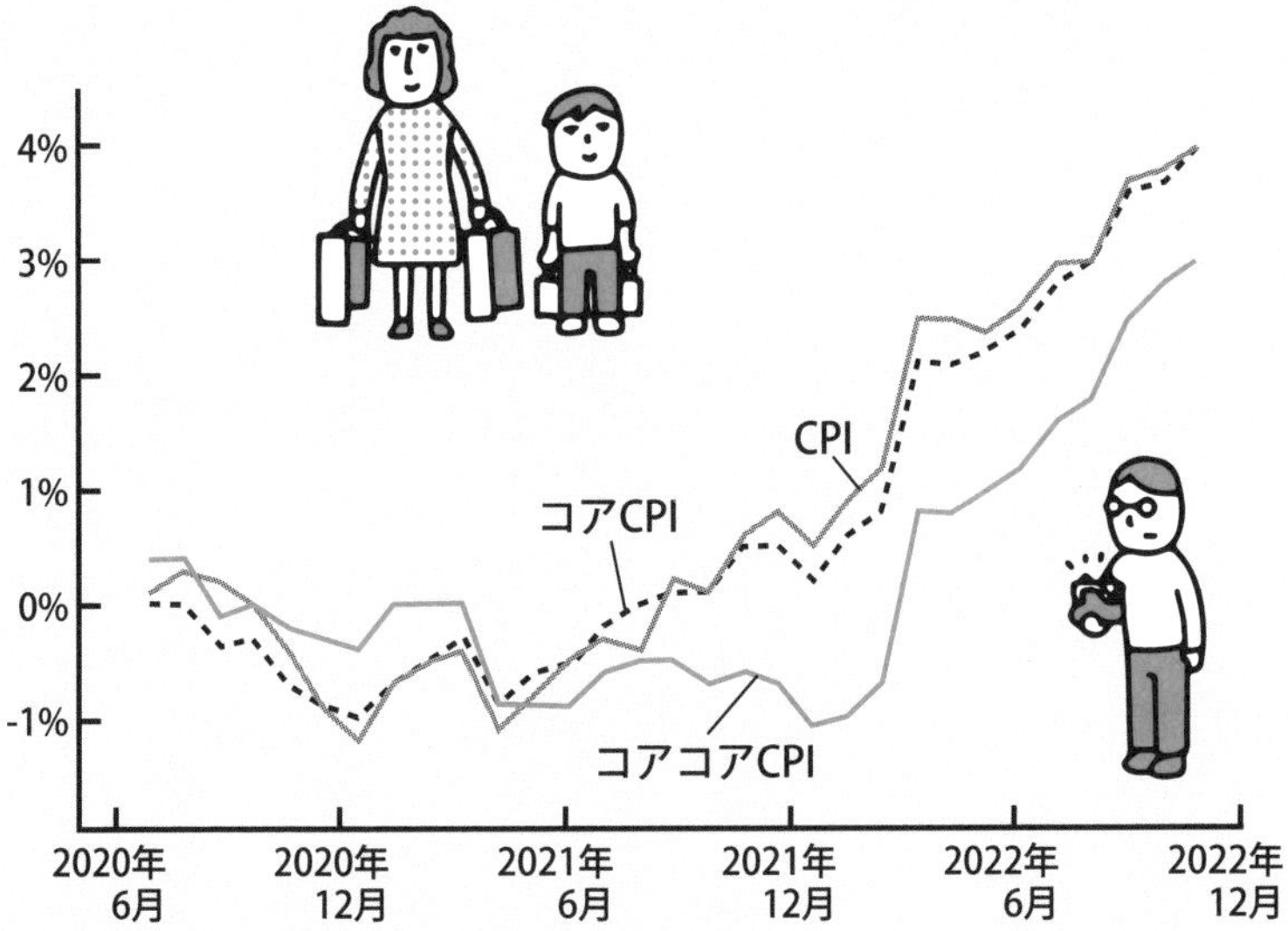
4%
3%
2%
1%
0%
-1%
CPI
コアCPI
コアコアCPI
2020年 6月
2020年 12月
2021年 6月
2021年 12月
2022年 6月
2022年 12月

出典：総務省統計局「消費者物価指数（CPI）」をもとに作成

＝需要が上がる」ためで、これを**インフレ**といいます。しかし、日本の物価上昇は、人々の消費意欲が高く、モノを買いたい人がたくさんいるから、起きているわけではありません。そこが、米国の物価上昇と日本の物価上昇の決定的な差です。

消費意欲の低い日本では、まだインフレが起きているとはいえないのです。

詳しくは
60ページで
解説します

日本は「財政破綻」していない

借金
国債
日本は
国債=借金
まみれ?
違いまーす
ピーッ

「日本はいずれ財政破綻する」「日本は借金漬けで、次の世代が大変なことになる」という話をテレビや雑誌でよく目にします。その理由は日本の国債発行額が1000兆円にも達しており、**「国債＝借金＝悪」**というイメージが植え付けられているからです。しかし、もしも日本の1年間の予算（2022年度）を税収だけでまかなおうとすると約108兆円になり、約43兆円足りません。その分を緊縮財政や増税などで負担するのは不可能な話です。

そこを補っているのが国債です。**国債とは日本経済を運営し**

国債を乱発しているから、
緊縮財政や増税は仕方ないと
思っていませんか？

増税

■ 日本政府のバランスシート

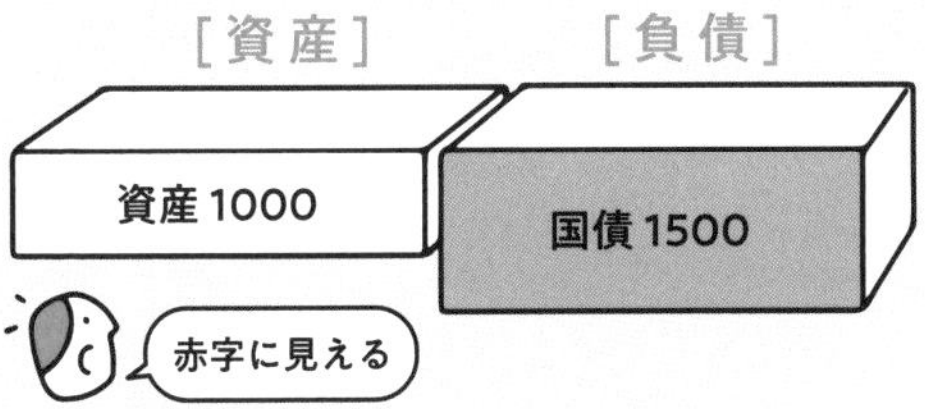
[資産]
[負債]
資産1000
国債1500
赤字に見える

■ 日銀と日本政府を合わせたバランスシート

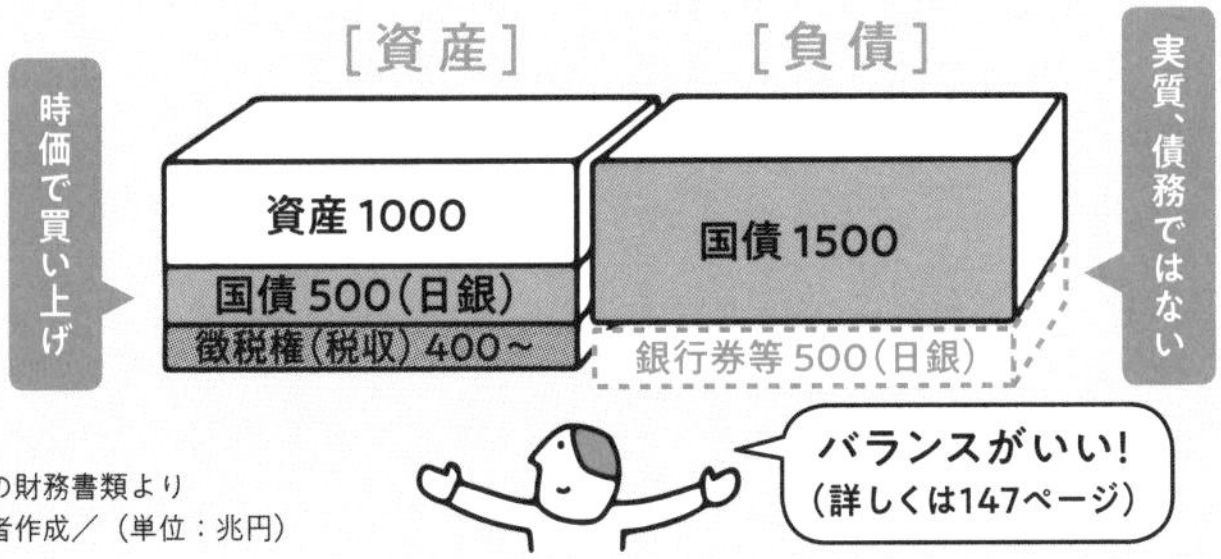
[資産]
[負債]
時価で買い上げ
資産1000
国債500（日銀）
徴税権（税収）400～
国債1500
銀行券等500（日銀）
実質、債務ではない
バランスがいい！
（詳しくは147ページ）

国の財務書類より
著者作成／（単位：兆円）

ていく「潤滑油」であり、なくてはならない存在なのです。

国債は基本、民間の金融機関が政府機関から購入しますが、その国債を「量的緩和（140ページ参照）」で政府の子会社である日銀が時価で買い上げます。この買い取った国債の利子収入も政府の予算になるという事実もあります。

そのため、政府だけでみると国債で赤字に見える財政も、日銀を足したバランスシート（上図参照）ならご覧のとおり、赤字ではありません。**表面的な詭弁に騙されてはいけない**のです。

新聞・テレビ・ネットではわからない
日本経済について髙橋洋一先生に聞いてみた

目次

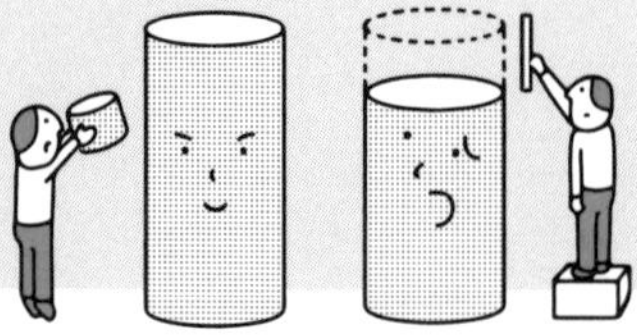

第1章 「経済成長」なんて目指さなくてよくないですか？

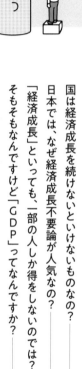

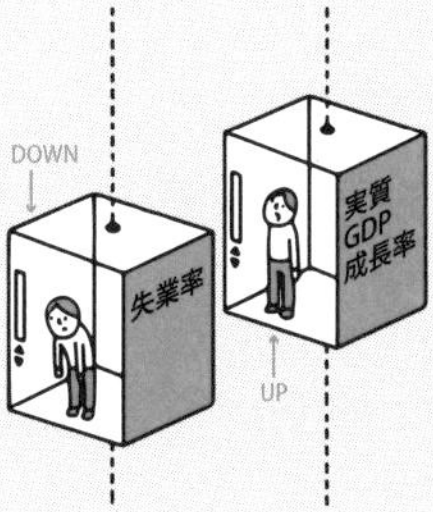

第2章 日本は今、「物価高」「インフレ」ですよね？

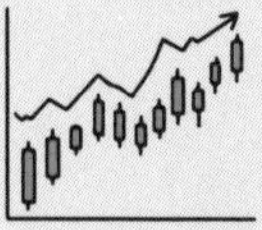

第3章 これから日本の「金利」は上がっていくのですか？

第4章 「円安」は日本にとってプラスって本当ですか？

第5章 「日本株」はなぜ「米国株」のように上がらない？

第6章 景気をよくするには「公共投資」をすればいい？

第7章 「国債」を大量に発行して日本は大丈夫なんですか？

※本書の情報は2023年2月末現在のものです。
※日経平均株価 © 日本経済新聞社

はじめに　真実を見抜く力を養い、日本経済の転換期をサバイブせよ！

日々、メディアで流れる経済ニュースには腹がたつことばかりである。

たとえば、今、日々耳に入ってくるのは「物価高」の話——。

「今度は缶コーヒーが25円値上げです」「マヨネーズが45円も値上げになります」。もはや、毎日流れる〝お約束〟のニュースになっている。それを聞いた人々は、ため息をつきながら、ますます財布のひもを固くしてしまうのだ。

さらにタチが悪いのが、「困りましたね。こうした悪いインフレがわれわれの生活を蝕んでしまうのです」としたり顔にいう専門家たちの存在だ。

私などは、もともと数学科専攻の理系人間である。経済という理路整然とした学問に対して、「良い」とか「悪い」といった文学的修辞を使われると反吐が出てしまう。

インフレとは、「インフレーション」の略でモノの価値が上がって価格が上昇する現象のことだ。缶コーヒーやマヨネーズなど、個別の商品が値上がりしたからといって、それをインフレとはいわない。

物価というのは、代表的な約600品目の価格を指数化した「消費者物価指数（CPI）」から判断する。**缶コーヒーやマヨネーズの値段が上がったからといって、物価高だ、インフレだ、と騒ぐのはおかしな話**である。

そこに、「良い」「悪い」まで付け加えるのは、もはや、人々を恐怖に陥れるための悪意とすら感じてしまうのだ。

こうしたマスコミや専門家、政治家などの情報操作に惑わされず、経済の真実の姿を把握していくにはどうしたらよいのだろうか。それはいとも簡単なことだ。

物事はすべてシンプルに考えるべきなのだ。しかし、世の中の議論やニュースは原理原則を無視して、話を複雑化していることがほとんどである。そのうえ、文学的修辞まで付け足されて説明されるため、何も知らない人たちは、だまされてしまうのだ。

そんな罠にはまっていては、いつまでたっても、真実にはたどりつけない。本書は**世にはびこる「バカな経済論」をシンプルな思考で打破する智恵を持ってもらうための1冊**だ。

では、「シンプルに考える」ためにはどうしたらよいのか。私は、先人たちの知恵を借りることをおすすめする。

「木を見て森を見ず」という言葉は言い得て妙である。ある一面だけで物事を見て、俯瞰の目を持たないがために、大局の判断を間違えるのはよくあることだ。

そうしたことが起きてしまうのも、**先人たちが何百年もかかって積み重ねてきた経済の原理原則を知らずにいるから**だ。先人たちが積み上げてきた基礎理論を知らずして、ちょっと上辺を舐めただけの説を信じ込んでしまうなど愚の骨頂だ。

これまで**経済の知識に自信がなく、マスコミの報道や専門家の愚論をうのみにするしかなかった人たちも安心してほしい。**最初にも言ったが、発信しているほうも、経済の原理原則もわからず、情報を垂れ流しているだけなのだ。それを聞いて、日本経済や自分の将来を不安に思うのはもうやめてほしい。

「日本経済破綻論」「日本人総貧困化」など、過去何度となく繰り返されてきた愚論だ。実際、日本は今も経済破綻していないし、これだけ物価高と騒がれても、きちんと利益を出している企業はたくさんある。

本書を通じて、しっかりと経済の原理原則を把握し、物事をシンプルに見る目を養ってほしい。そして、**正しく経済の真実を見抜く力を身につけてほしい**ものだ。

2023年は10年間の日銀・黒田体制が終わり、新しい日本経済の転換期がやってくるはずだ。そういった節目の時に、どれだけ真実を見極められるかで、大きな差がついていくのは間違いないだろう。

2023年2月　髙橋洋一

第 1 章

「経済成長」なんて 目指さなくて よくないですか？

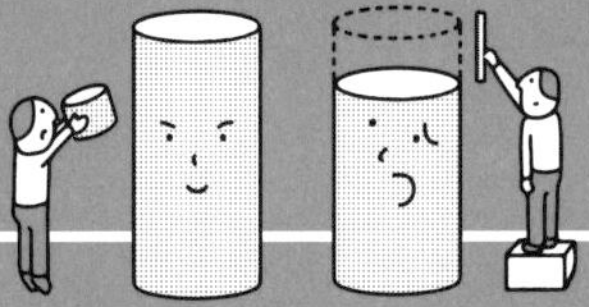

「日本はこれ以上経済成長を目指す必要はない」「経済成長よりずっと大切なことがある」という人もいます。しかし、経済成長を示す指標・ＧＤＰを各国と比較してみると、日本はこのままではいけないという理由がはっきりと見えてきます。

日本経済はずっと元気がないけれど まだ経済大国といえるの？

お答えしましょう！

GDPで見ると世界第3位ですが、成長率を見ると日本は経済大国とはいえないでしょう。

■日本のGDPは世界第3位

2022年最新の世界GDPランキング

1位	アメリカ合衆国	25兆3400億ドル
2位	中国	19兆9110億ドル
3位	日本	4兆9100億ドル
4位	ドイツ	4兆2600億ドル
5位	インド	3兆5300億ドル

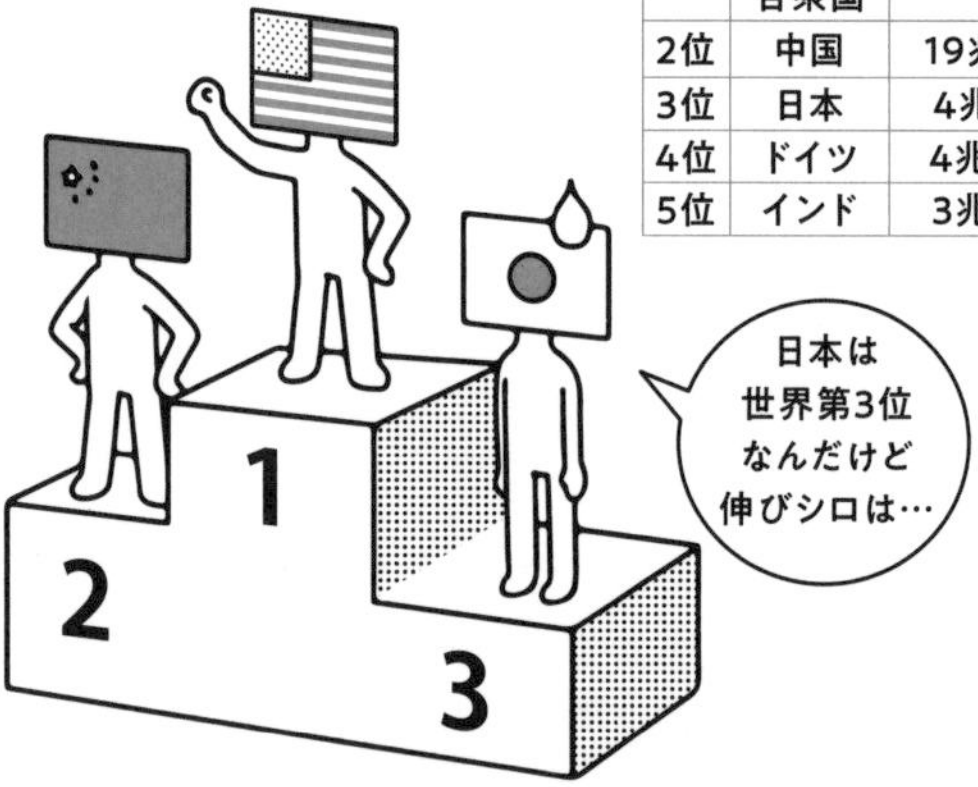

出典：IMF（国際通貨基金）が発表した資料をもとに作成

GDPの規模でみると世界第3位だが……

この本では、「日本経済」について、「物価」「金利」「株価」などさまざまな観点から、過去の動き、今のポジション、将来の展望を解説していきます。

その国の経済状況が今、どうなっているのかを見る指標としてもっともよく使われるのが、**国内総生産**（GDP）。「**日本のGDPは米中に次ぎ、世界第3位**」です。これだけ聞くと、日本は世界有数の経済大国のように見えますが、はたして本当に

POINT

GDPは規模そのものより前年比の成長率を見る

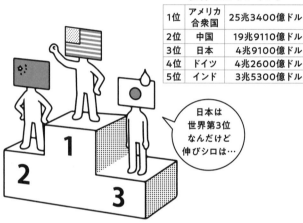

■日本のGDPの推移（実質・季節調整済み）

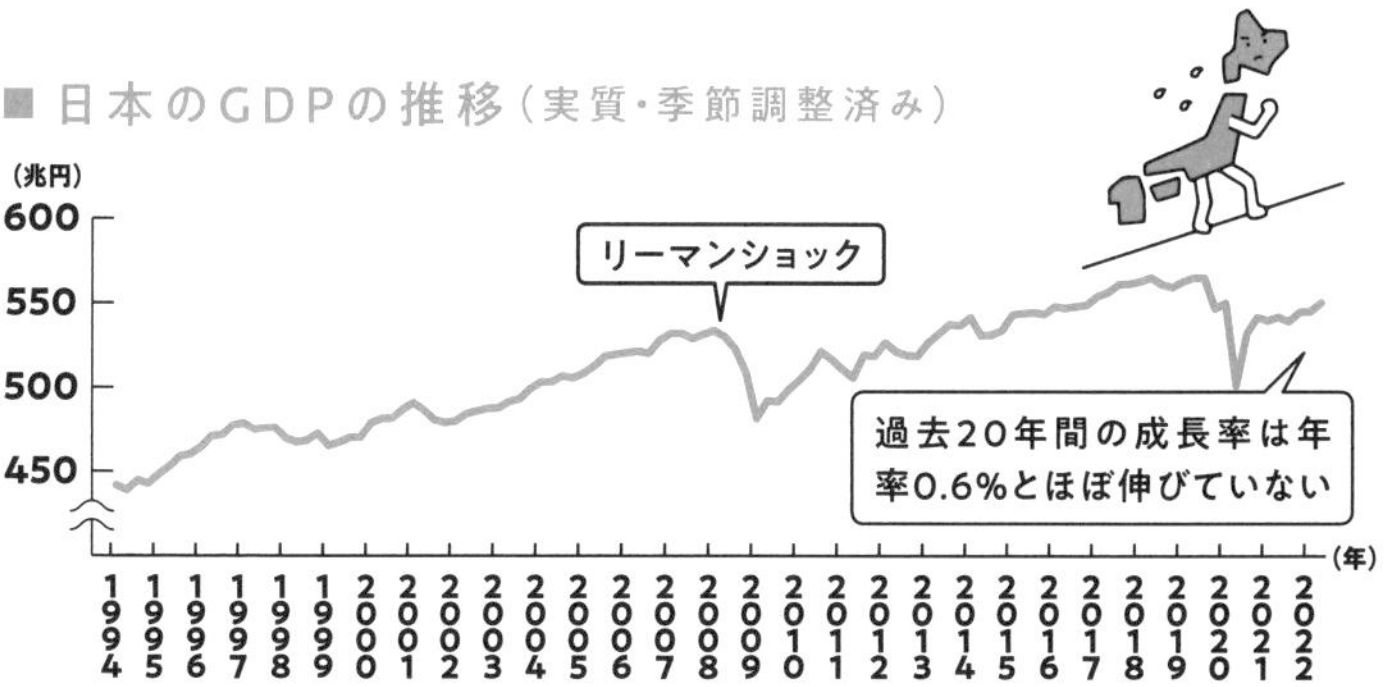

（兆円）
600
550
500
450
リーマンショック
過去20年間の成長率は年率0.6%とほぼ伸びていない
（年）
1994
1995
1996
1997
1998
1999
2000
2001
2002
2003
2004
2005
2006
2007
2008
2009
2010
2011
2012
2013
2014
2015
2016
2017
2018
2019
2020
2021
2022

出典：内閣府「国民経済計算（GDP統計）」より
「実額」「四半期」の中の「実質季節調整系列」をもとに作成

経済大国といえるのでしょうか？

日本のGDPは、高度経済成長期の1968年に西ドイツを抜き、米国に次ぐ2位となりました。しかし、2010年に経済台頭が著しい中国に抜かれて3位になった経緯があります。さらに、早ければ、2023年にも、ドイツに抜かれて4位に転落するという可能性も出てきています。

しかし、**GDPの順位自体は、実はあまり意味はありません**。GDP自体は経済の規模を表す指標ですが、この指標を見るときは、規模の数字そのものより、前年比の成長率を見ていきます。つまり、**経済とは成長してこそ、価値がある**のです。政府も日銀も、経済政策を行う限り、成長を目指しています。はたして、日本の経済は成長しているのでしょうか？

まずは、GDPという指標を通して、経済の何がわかるのかをこの章で見ていきましょう。

KEYWORD

GDP……国内総生産。一定期間内に国内で産出されたモノやサービスの付加価値の合計額。

国は経済成長を続けないといけないものなの？

経済成長の大切さはオークンの法則に学べ

経済について議論していると、「日本の場合、経済成長はもう十分じゃないか、国は分配に力を入れるべきだ」「経済成長よりも大事にすべきことがある」といった主張をよくぶつけられます。

たしかに、経済問題のほかにも環境問題などの重要な課題はありますし、社会全体に経済利益が行き渡るように国が努めることも必要です。

しかし、**「そのためなら経済成長を止めてもいい」と主張するのならナンセンス**だとしか言いようがありません。これからみなさんに日本経済についてお話しするにあたり、まずは経済学の観点から、このよくある誤解を正しておきましょう。

では、なぜ国は経済成長を目指すべきなのでしょうか。その答えは、代表的な経済理論の一つ、「**オークンの法則**」を理解すれば簡単にわかります。

オークンの法則とは、「実質GDPの前年比成長率」が上がると完全失業率も改善するという法則のことです（左図参照）。GDPについては28ページで詳しく説明しますので、この法則のことはひとまず、「**経済成長率が上がると失業率が抑えられる**」という法則だと理解しておいてください。実際に左のグラフを見ると、経済成長率が高かった年ほど失業率の伸びが抑えられていることがわかります。

つまり、「**経済成長を続ける国こそが、仕事に就けず生活に困る人の数を抑えることができる**」ということが統計的な傾向としてわかっているのです。

POINT
「経済成長不要論」はナンセンスである！

お答えしましょう！

経済が成長すると、失業率が改善します。雇用が国の安定の基本だからこそ、成長を目指すべきなのです。

■実質GDP前年比成長率と完全失業率の前年との差の散布図（1995年～2021年）

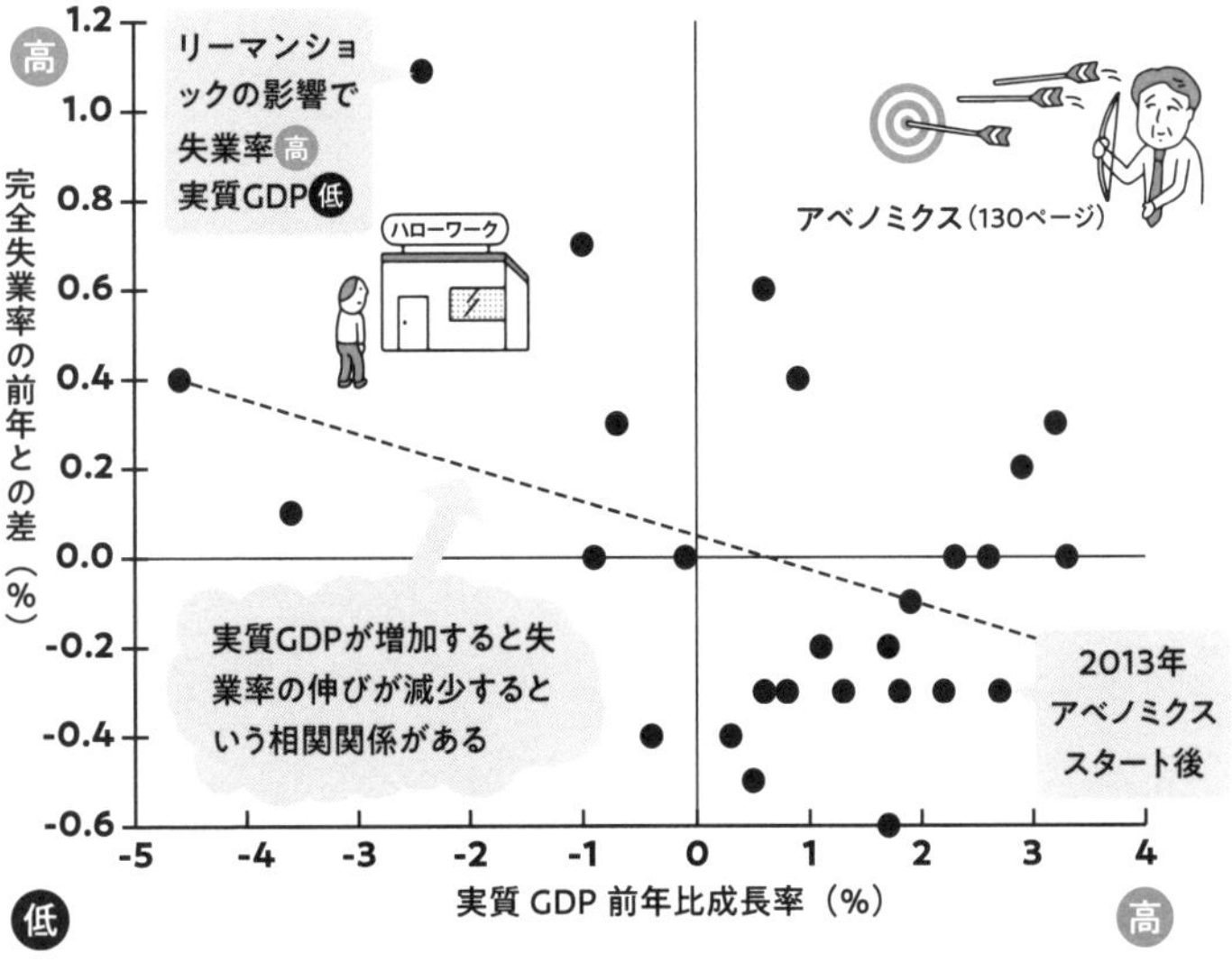

出典：内閣府「国民経済計算（GDP統計）」と総務省統計局「労働力調査」をもとに作成

KEYWORD

オークンの法則……「実質GDPの前年比成長率（経済成長率）」が上がると完全失業率も改善するという法則。

日本では、なぜ経済成長不要論が人気なの？

お答えしましょう!

長らく失業率が低かった影響で、オークンの法則が重視されてこなかったためです。

■ オークンの法則とは

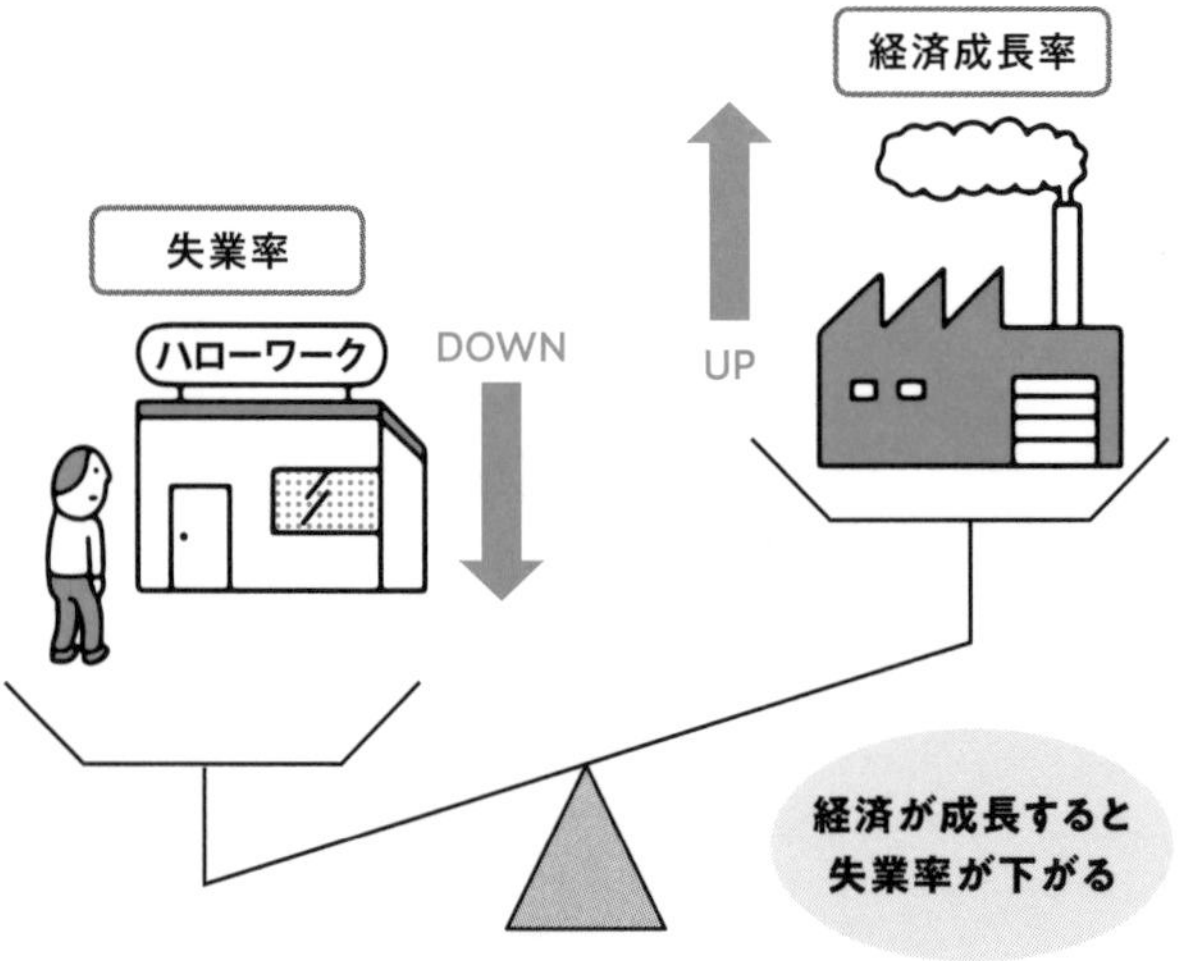

経済成長不要論者は雇用を切り捨てている!?

経済成長不要論は一見もっともらしい主張ですが、前ページでご紹介したオークンの法則によれば、経済成長率が下がるほど失業率の伸びが大きくなるわけですから、実は**経済成長不要論者は「失業者が増えてもかまわない」と言っているのと同じ**ことになります。

なぜこうした奇妙な主張が日本で人気なのかといえば、経済学を学んでいるはずの経済学者たちの間ですら経済成長不要論

POINT

経済成長なくして社会問題の解決はない!

■ 失業率の推移

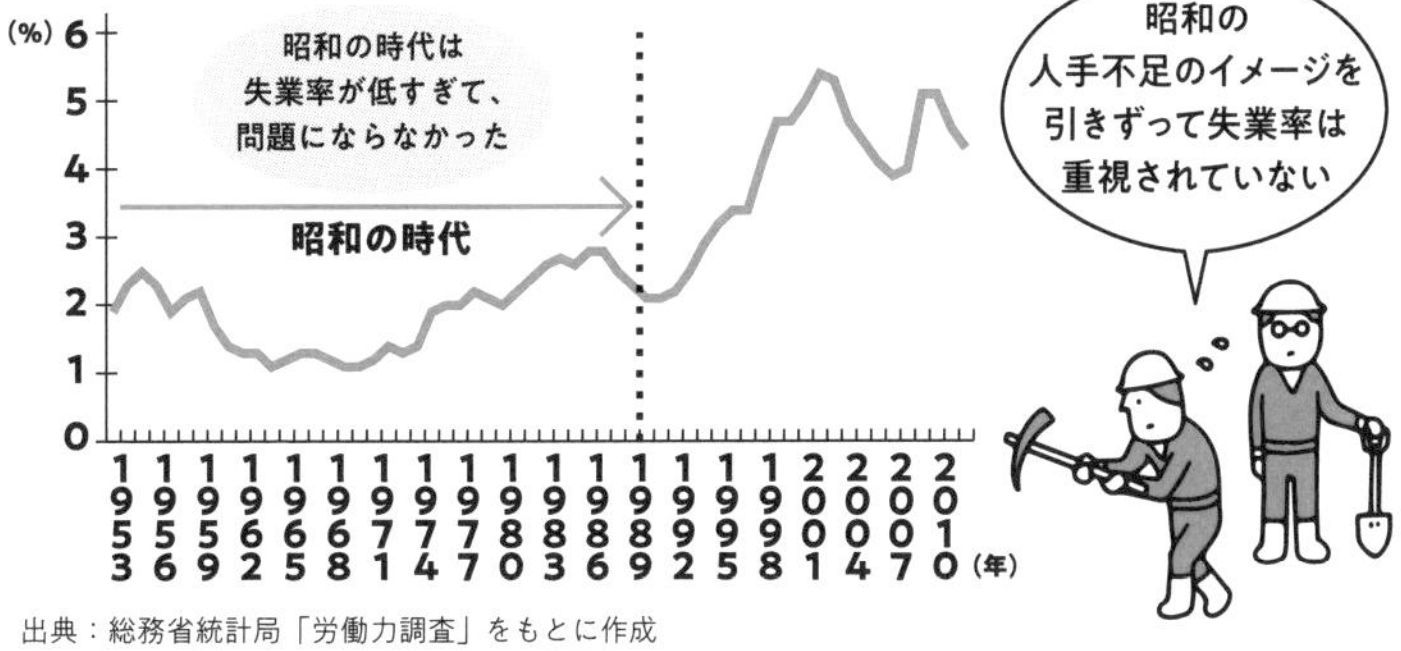
(%)
6
5
4
3
2
1
0
昭和の時代は
失業率が低すぎて、
問題にならなかった
昭和の時代
1953
1956
1959
1962
1965
1968
1971
1974
1977
1980
1983
1986
1989
1992
1995
1998
2001
2004
2007
2010
(年)
昭和の
人手不足のイメージを
引きずって失業率は
重視されていない

出典：総務省統計局「労働力調査」をもとに作成

が人気だからです。日本では戦後に高度経済成長が続き、**失業率**が長らく低いままでしたが、おそらくそのせいで、失業率がこれまで経済指標として注目されなかったのでしょう。そのため、**重要な経済理論であるはずのオークンの法則も軽視され続けてきた**のではないでしょうか。

「経済成長よりも環境問題などの社会問題に取り組むことを優先すべきだ」という意見も非現実的です。かつて高度経済成長期に、公害や環境破壊などが社会問題化したことを受けて経済成長を批判する声が上がりましたが、その後**オイルショック**が起きて経済が混乱すると、経済成長批判どころではない状況になってしまいました。

たしかに社会問題への取り組みは重要ですが、経済が停滞してしまっては元も子もありません。むしろ、地に足をつけて社会問題に取り組むためにこそ、継続的な経済成長を重視すべきなのです。

KEYWORD

失業率……労働力人口を仕事が無く職を探している求職者の数で割った数字。

キホンは「GDP」にアリ
4

「経済成長」といっても、一部の人しか得をしないのでは？

POINT
株価が上がると、まわりまわって賃金も上昇する

一部の富裕層だけが潤う経済成長はありえない

経済成長不要論の問題は前ページでも指摘しましたが、それでもなお「経済成長は一部の富裕層をさらに豊かにするだけ」と主張してくる人がいます。

しかし、オークンの法則によれば、経済成長に伴って仕事に就ける人が増えるわけですから、経済成長の恩恵を受けるのが一部の富裕層だけだというのはあきらかな誤りです。

どれほど優秀な人でも大規模な経済活動を1人ではできず、素晴らしいアイデアが製品やサービスとして現実のものになるまでには多くの労働者が関わるはずです。

消費者がその製品やサービスに支払う対価は、それらを生み出すために働いた人々全体に分配されることになるのですから、**けっして、特定の少数の人々が対価を独占するわけではありません。**

また、アベノミクスの影響で株価が上がった際には、「投資家が利益を得るだけだ」と批判する人が大勢いました。しかしこれも短絡的です。左図のように、金融緩和や財政出動などの政策が打ち出されると市場がいち早く反応するため、その政策の具体的な効果が出る前にまず株価が上がります。

そして、**政策がうまく機能すれば、労働者が受け取る賃金**（名目賃金）**は増え、物価は上昇します。**その後、一時的に賃金の価値（実質賃金）が目減りするものの、**物価上昇の影響で企業の利益が上がることで、最終的に実質賃金も追いつくことになるのです。**

お答えしましょう!

経済成長は失業率の抑制や実質賃金の上昇をもたらし、富裕層や投資家だけでなく、社会全体を豊かにします。

■ GDPがアップすると給料が上がる

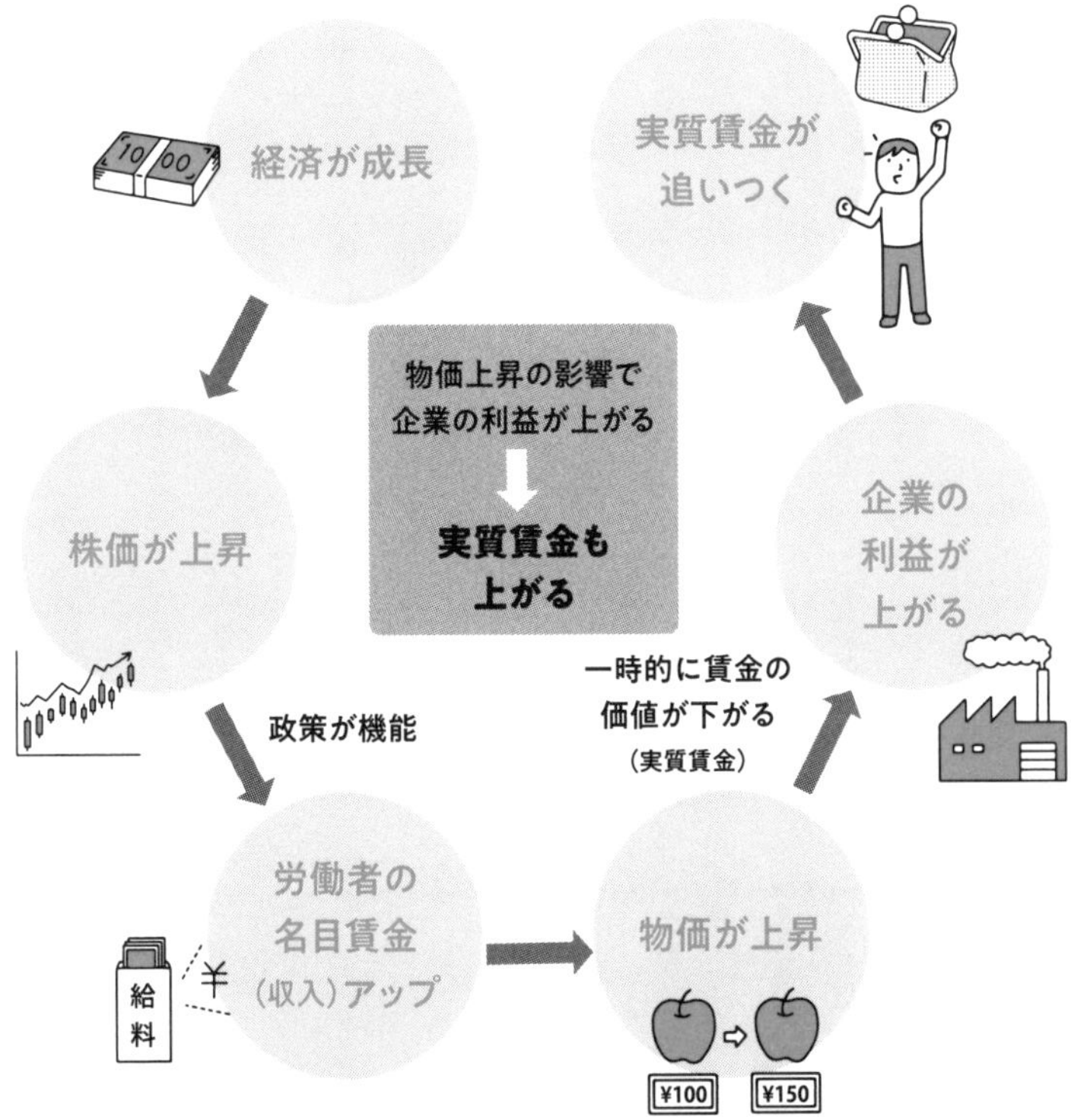
経済が成長
実質賃金が追いつく
物価上昇の影響で企業の利益が上がる
実質賃金も上がる
株価が上昇
企業の利益が上がる
一時的に賃金の価値が下がる（実質賃金）
政策が機能
労働者の名目賃金（収入）アップ
物価が上昇
給料
¥100
¥150

KEYWORD

実質賃金 …… 実際に受け取った給与額（名目賃金）から、物価変動の影響を差し引いて算出したもの。

そもそもなんですけど「GDP」ってなんですか?

生産、分配、支出の3つの側面からみるもの

「経済が成長している」ことは何を見ればわかるのでしょうか? その基準になるのが、先ほどから何度も登場している経済指標・GDPです。

GDPは、詳しくは「Gross《グロス》 Domestic《ドメスティック》 Product《プロダクト》」(国内総生産)の略語で、その意味は「ある一定期間内に、国内で生み出されたモノやサービスの付加価値の合計額」というもの。「付加価値」とは、モノやサービスの生産額から原材料費などの費用を差し引いた額を意味しますので、GDPは結局、**国内でモノやサービスが生産・提供された結果生じた個々の利益すべてを合計したもの**だということです。

そもそも、経済活動には、①さまざまな業種で生産活動が行われ、付加価値=利益が生み出される「**生産**」の側面、②その利益が労働者や企業自身などに給与や営業利益などとして分配される「**分配**」の側面、③そしてその分配されたお金を消費者や民間企業や政府が消費・投資などに使う「**支出**」の側面があります。

GDPは、本来、この中の①「生産」の側面の総額にあたりますが、①〜③はひとつながりのプロセスであり、それぞれの側面で動くお金の総額は変わらないため、GDPは②の総額とも③の総額とも等しくなります(**三面等価の原則**)。

つまりGDPは、**それを見れば「生産」→「分配」→「支出」という経済活動のプロセス全体を一度に評価できる、便利な「ものさし」**なのです。

POINT

GDPはその国の経済活動の状況がわかるものさし

お答えしましょう!

GDPは、ある一定期間に国内で生み出されたモノやサービスによって生まれた利益の合計額です。

■三面等価の原則のしくみ

GDPを生産面、分配面、支出面の3つの側面から見るとそれぞれが等しくなるというのが、「三面等価」の原則です

生産
（モノ・サービスの付加価値）
雇用者の報酬
企業の利潤など
消費・投資などに
お金を投下
3つのどの面から見ても
GDPと一致する
三面等価の原則
分配
給料
支出
（消費、投資）
家計・企業・
政府など

KEYWORD

三面等価の原則……生産、分配、支出の3つの面どこから見てもGDPと同じ金額になるという原則。

結局、経済は誰が回しているんですか？

お答えしましょう！

支出面からGDPを見ると、経済は企業ではなく“個人”が回していることがわかります。

■ 支出面から見たGDPの割合
（名目値、2020年、合計538兆1554億円）

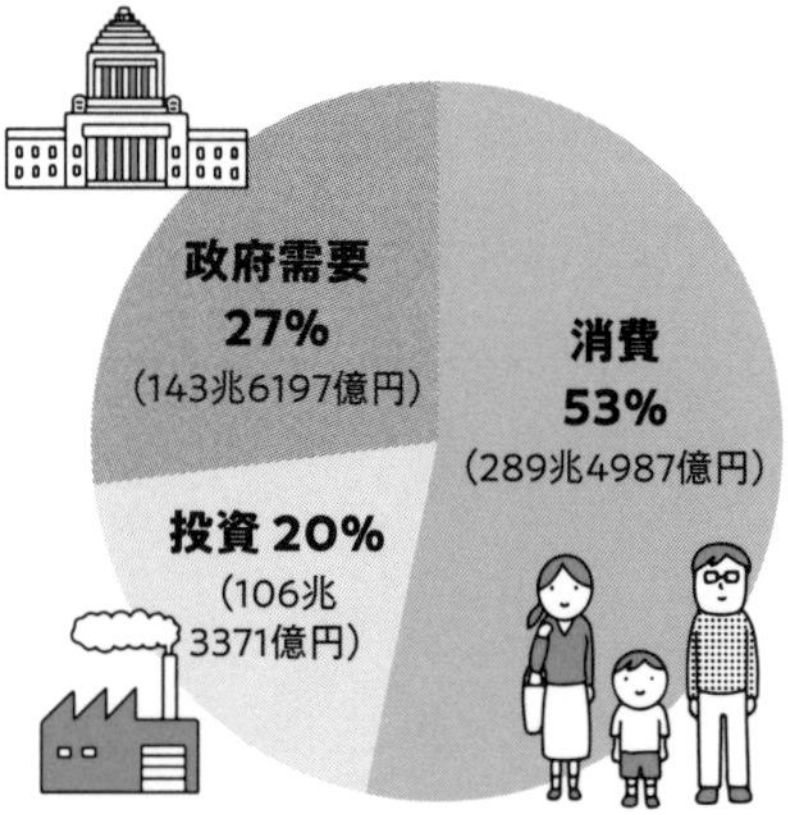

出典：内閣府「国民経済計算（GDP統計）」
フロー編Ⅳ「主要系列表」の⑴「国内総生産（支出側）」のうち、名目・暦年の数値をもとに作成

POINT
経済は私たち一般消費者が回している！

実は企業も政府も個人消費より〝小規模〟

メディアなどで、「消費を盛り上げて経済を回す」といった表現をよく見かけますが、私たち民間の個々人の消費行動は、本当に経済活動全体に影響を及ぼしているのでしょうか。

これは、前ページでお話しした生産・分配・支出の3側面のうち、支出面から見たGDPを分析すると確かめることができます。支出面から見たGDPの内訳は、「**GDP＝消費＋投資＋政府需要＋（輸出－輸入）**」で

■ 支出面から見たGDPの内訳

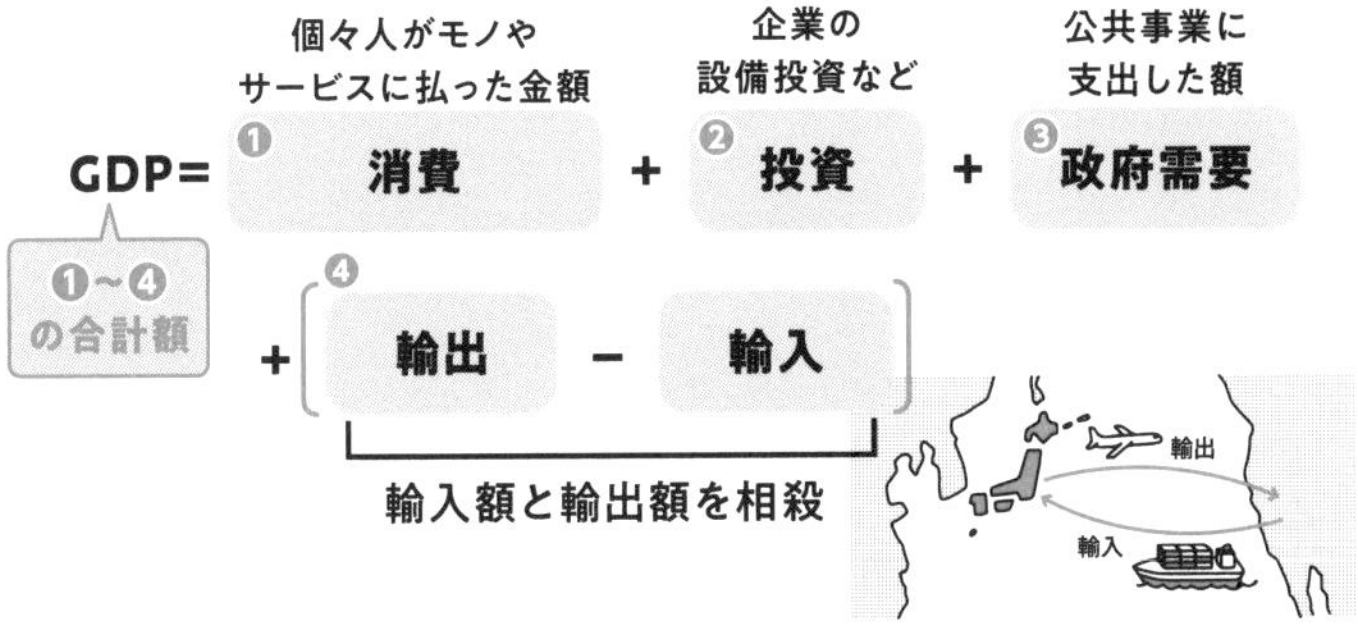
個々人がモノやサービスに払った金額
企業の設備投資など
公共事業に支出した額
GDP=
❶消費
+
❷投資
+
❸政府需要
❶～❹の合計額
+
❹輸出
－
輸入
輸入額と輸出額を相殺
輸出
輸入

計算できます。

まず「**消費**」は、民間の個々人が消費者としてモノやサービスに支払った金額を、「**投資**」は、企業の設備投資（自社ビルの建設など）や在庫品の増加のように、新たな収益を見込んで支出した資金の額を指します。また「**政府需要**」は、政府が公共事業などに際して支出した額を、そして「**輸出－輸入**」は、モノ・サービスの純輸出額（輸出額－輸入額）を指します。

右図はこれらの要素の割合をまとめたものですが、このグラフを見ると、**家計の消費は全体の半分強を占めており、企業投資**（2割）**や政府需要**（約3割弱）**を上回っている**ことがわかります。また純輸出については、2020年は**輸入超過**のためマイナスの値ですが、プラスの年でもGDP全体の数%なので、これも民間消費に及びません。

つまり、**私たちの消費行動こそが、経済活動の動向を左右している**のです。

KEYWORD

輸入超過……輸出のほうが輸入よりも多いと「輸出超過」、輸出より輸入が多いと「輸入超過」という。

GDPの前に付く「名目」とか「実質」ってなんですか?

POINT

経済活動の実態を見るなら「実質GDP」に注目

オークンの法則でも使うのは〝実質〟

さて、GDPを理解するうえでもう一つ知っておくべきことがあります。それは、GDPは大きく「**名目GDP**」と「**実質GDP**」に分かれるということです。

名目GDPと実質GDPの違いは、物価の変動分が排除されているかどうかという点にあります。**名目GDPは、一定期間のうちに生み出された付加価値の合計額をそのまま使っている指標**で、物価の変動分が排除されていません。

この指標はGDPの実額を知るのには役立ちますが、物価の変動を受けている分、たとえばGDPが1年前よりも伸びた場合に、その伸びが実際に消費・投資などの規模が拡大したことによるものなのか、あるいは単に物価が上がった影響で金額が大きくなっているだけなのかを見分けることができません。

一方、**実質GDPは、名目GDPから物価の変動の影響を排除して合計額を再計算したもの**です。この指標は消費や投資など、経済活動の規模だけを扱っている点で、その実態を見るのに向いているため、経済学の世界でよく使われています。実際、22ページで見たオークンの法則でいう「経済成長率」も、正確には「実質GDPの前年比成長率」を指しています。

ただし、だからといって名目GDPを無視してよいわけではありません。名目GDPも賃金や税収といった重要な指標と深く関わっていますので(34ページ参照)、名目値・実質値ともにチェックすべきなのです。

お答えしましょう！

「名目GDP」は一定期間の合計額そのまま、「実質GDP」は物価変動の影響を取り除いた指標です。

■ 実質GDPは経済活動の実態がわかる

合計額をそのまま積み上げる
名目GDP
実質GDP
物価が下がっているからその分目減りさせるよ

その時の市場の価格をそのまま反映。前年度と比べてどの程度上昇したかを示したもので、実際何の影響で変動したかはわからない。

物価の変動を反映。名目GDPの数字が伸びていても物価変動の影響を取り除くと、実質的には数字が伸びていないことも。

KEYWORD

物価の変動……消費者が購入するモノやサービスの物価の変動は「消費者物価指数」で見る。

名目GDPからどんなことがわかるんですか？

各GDPでわかる日本の「失われた30年」

ここで衝撃的なデータをご紹介しましょう。左ページのグラフは、主要先進国の名目GDPの推移を、30年前の水準を100として指数化し、折れ線で表したものです。

この30年間で、アメリカ・イギリス・カナダは3倍以上、ドイツ・フランス・イタリアは2倍以上も名目GDPを伸ばしたのに対し、日本はなんとこの30年間停滞続き。もっとも数値が高かった2019年でさえ30年前の数値の1・16倍にすぎないというありさまで、他の先進国から置き去りにされていることが一目瞭然です。

名目GDPは1人あたりの金額に換算すると**名目賃金**の額に等しくなります。そのことをふまえると、このデータは**日本だけ賃金の水準が30年前からほとんど上がっていない**ということを意味しています。まさに「失われた30年」という言葉がふさわしい状況です。

私は、名目GDPが伸び悩んでいる背景について、名目GDPの伸び率がマネー供給量の伸び率と大きく連動していることに注目してきました。つまり、「金は天下の回りもの」とはよく言ったもので、世の中にお金が供給されれば、それだけ経済が活性化するのです。

しかし、マネー供給の主役である日銀は長年、**私の主張に逆行して積極的な金融政策をしてきませんでした**。

ただし、アベノミクス以降、日銀の方針もまともになってきたので、最近はようやく希望が見えてきています。

POINT
日本は金が天下に回っていなかった…

お答えしましょう！

名目GDPは、日本以外の国との比較に使うのが有効な利用法の一つです。

■ 主要先進国の名目GDPの推移（1991年=100として指数化）

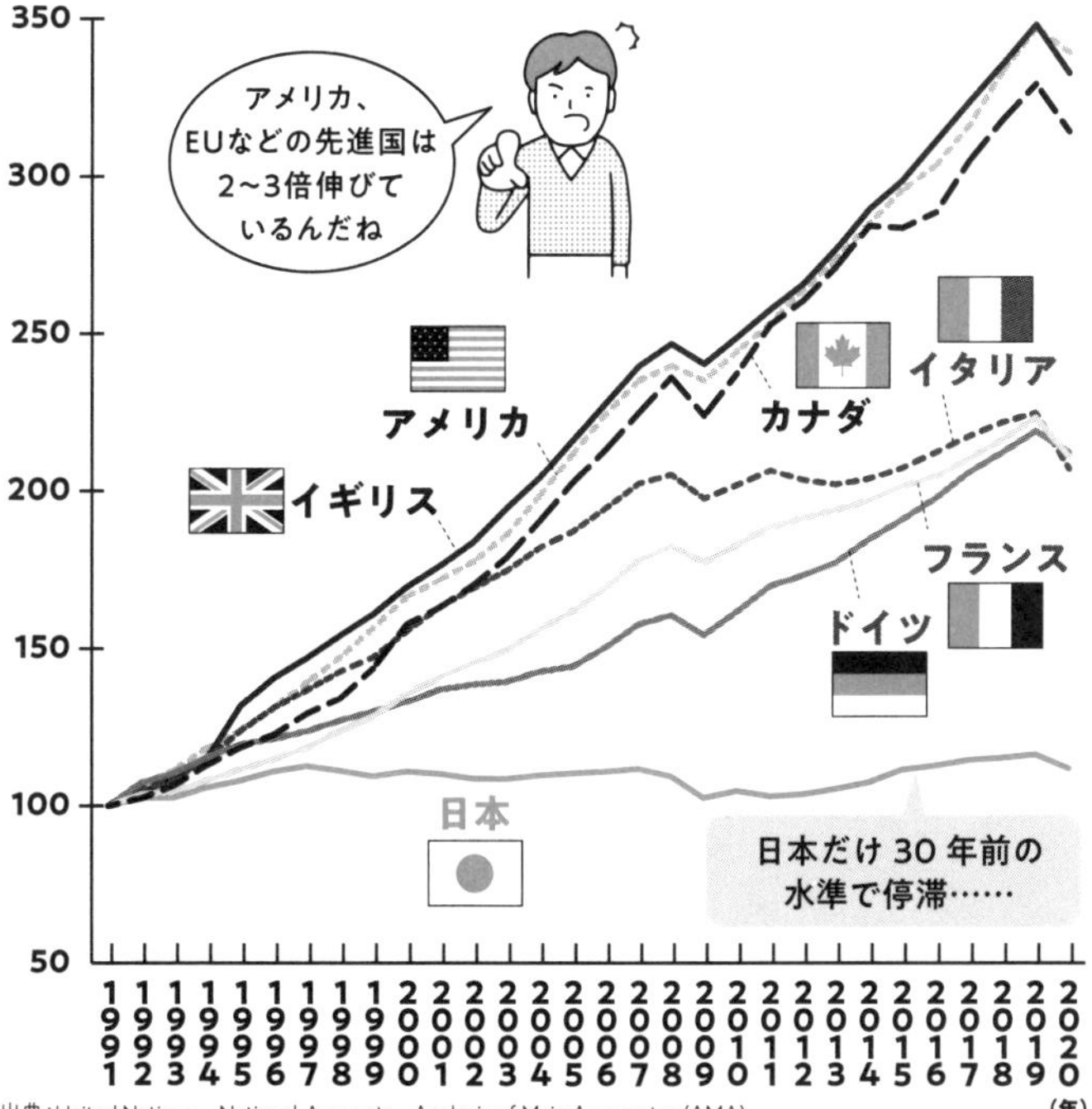

アメリカ、EUなどの先進国は2〜3倍伸びているんだね
アメリカ
イギリス
カナダ
イタリア
フランス
ドイツ
日本
日本だけ30年前の水準で停滞……
350
300
250
200
150
100
50
1991 1992 1993 1994 1995 1996 1997 1998 1999 2000 2001 2002 2003 2004 2005 2006 2007 2008 2009 2010 2011 2012 2013 2014 2015 2016 2017 2018 2019 2020
(年)

出典：United Nations　National Accounts - Analysis of Main Aggregates (AMA)「Data Selection」より、G7の名目GDP(各国通貨基準）の最近30年間の推移をもとに作成

KEYWORD

名目GDP …… GDPをその時の市場価値で評価したもの。物価変動による影響はそのまま反映される。

GDPを使って景気判断するにはどこを見ればよいですか？

POINT
GDPギャップで国の景気動向が見えてくる

プラス＝インフレギャップ マイナス＝デフレギャップ

本章の最後に、2022年以降、日本がこれから成長路線に再度乗れるかを見る指標として重要な「**GDPギャップ**」をご紹介します。

GDPギャップとは、国内経済の「総需要」と「総供給」の乖離の度合いを示す指標で、景気判断に役立つだけでなく、物価や失業率などを見極める重要な役割も果たします。その広範囲にわたる有用性については第2章以降でトピックごとにご紹介しますので、ここではまず、GDPギャップそのものの内容を簡単に確認しておきます。

まず押さえておきたいのは、「**潜在GDP**」という指標です。潜在GDPとは、その国の労働力や製造設備などの実力をふまえて、「この国が普段どおりの実力を発揮すれば、これくらいはアウトプット（供給）ができるはずだ」と推計された想定上のGDPを指します。この潜在GDPは、その国が持つ本来の供給力にあたるため、「総供給」と呼ばれます。

一方、潜在GDPと対をなすのが「**実質GDP**」です。実質GDPは、その国で実際に生み出されたGDPを指し、その国の本来の供給力のうち実際に必要とされ稼働した分にあたるため、「**総需要**」と呼ばれます。

この総供給より総需要が多い＝プラスの場合をインフレギャップ、マイナスの場合をデフレギャップと呼びます。**インフレギャップは好況や景気の過熱を示し、デフレギャップは景気の停滞や不況を示します。**

お答えしましょう!

「実質GDP」と「潜在GDP」の差である「GDPギャップ」を見ることで、経済がさらに鮮明に見えてきます。

■ GDPギャップとは

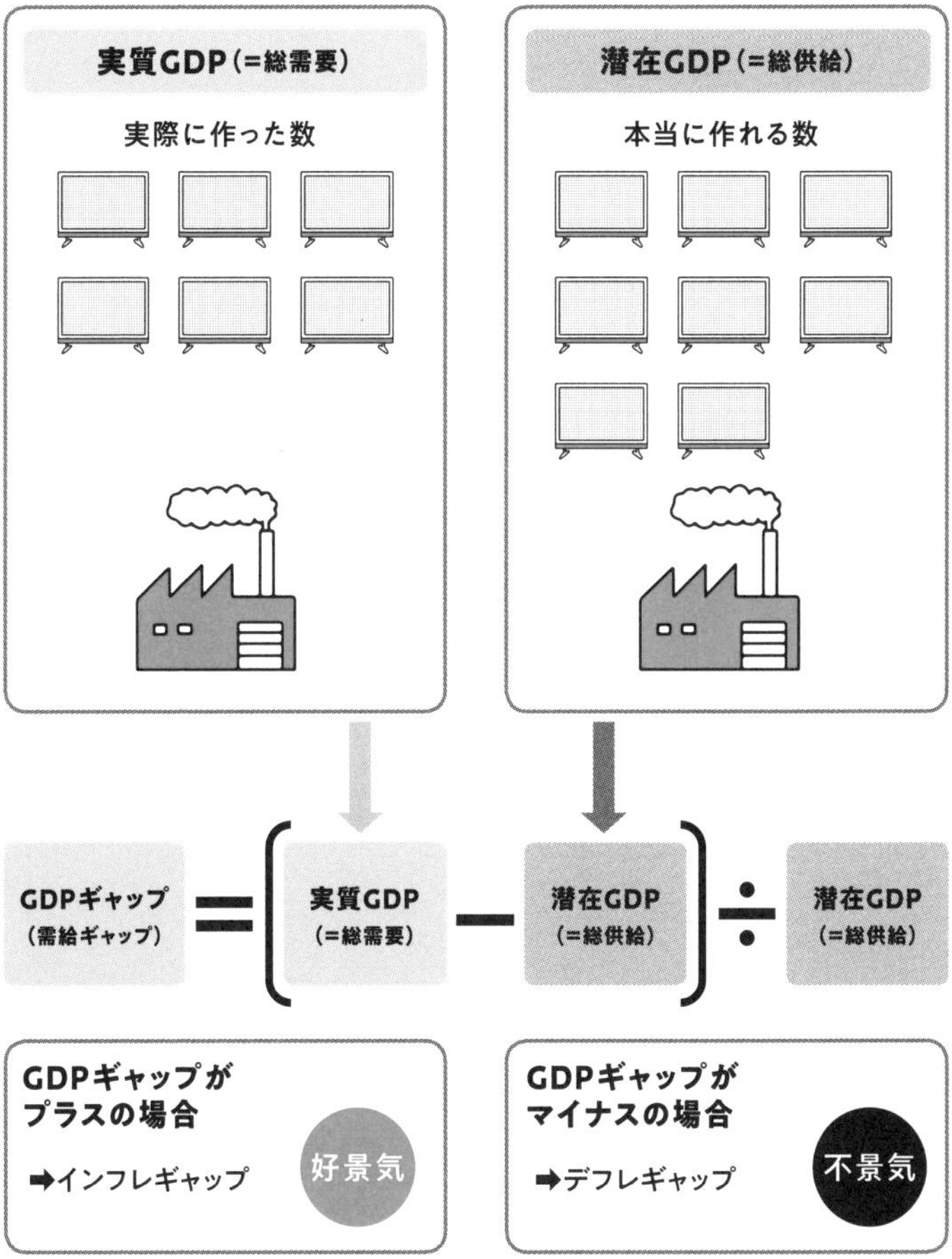

実質GDP(=総需要)
実際に作った数
潜在GDP(=総供給)
本当に作れる数
GDPギャップ
(需給ギャップ)
=
実質GDP
(=総需要)
−
潜在GDP
(=総供給)
÷
潜在GDP
(=総供給)
GDPギャップがプラスの場合
➡インフレギャップ
好景気
GDPギャップがマイナスの場合
➡デフレギャップ
不景気

日本のGDPギャップの現状はどうなっているの？

実は日本は30年間ずっとデフレギャップ

GDPギャップを数値化するには、実質GDP（総需要）から潜在GDP（総供給）を差し引き、その値を潜在GDPで割ります。このように計算することで、**総需要が総供給から何%乖離しているのか**を知ることができます。

現在の日本のGDPギャップはどうなっているのでしょう。左ページ上部は、内閣府発表の潜在GDP・実質GDPの推移を示すグラフです。このグラフは、黒い線（潜在GDP）がブルーの線（実質GDP）より上にいると**デフレギャップ**、つまり、需要に対して供給が多過ぎる状態であり、反対のときには需要過多＝**インフレギャップ**の状態です。

この図では、日本はデフレギャップの期間が長いものの、インフレギャップに転じた時期もたびたびあったことが示されています。

しかし、私は以前から、内閣府の推計では潜在GDPが低く見積もられており、実態を把握するためには、この推計に10兆円程度をプラスすべきだと考えてきました。

そこで、私が再試算したのが左下のグラフです。一目でわかるとおり、**日本はこの30年間、常に需要が供給を下回る状態にありました。**

グラフからは、消費力が下がったままのデフレスパイラルから抜け出せていない日本の姿が浮かび上がってきます。これはバブル崩壊以降、十分な経済対策が取られてこなかったことが原因だと考えられます。

POINT

日本は30年間消費力が低下したまま…

お答えしましょう!

日本のGDPギャップは、私の試算では30年間デフレギャップとなっています。理由は次章以降でご説明します。

■ 日本の潜在GDP・実質GDPの推移

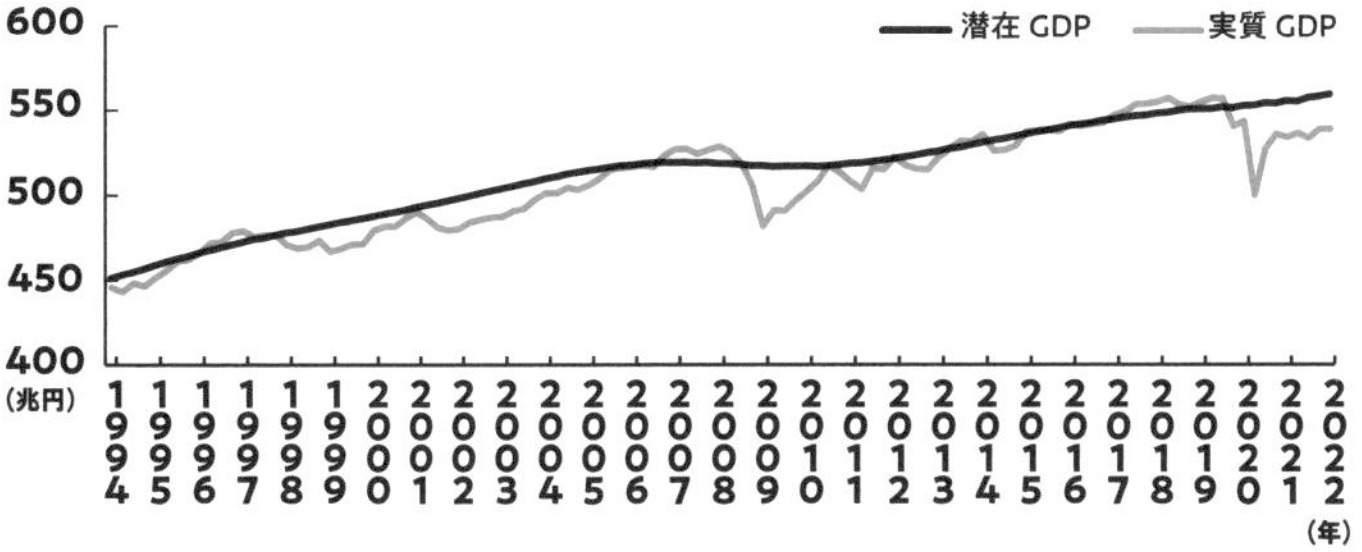

■ 筆者再試算による日本の潜在GDP・実質GDPの推移

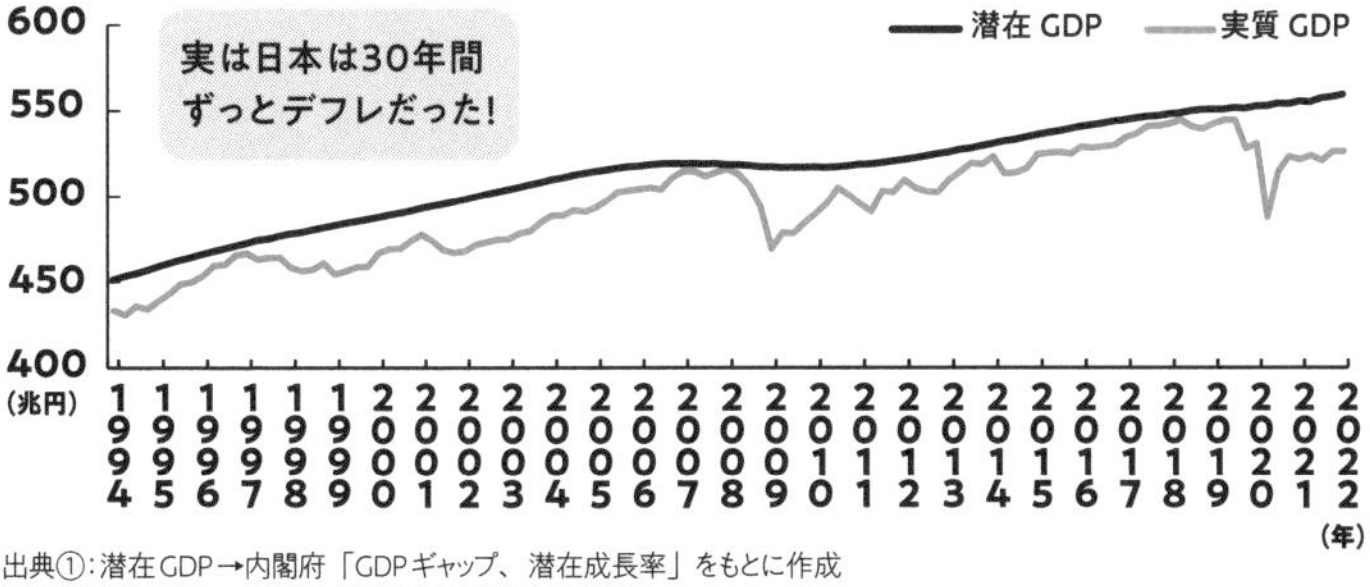

出典①：潜在GDP→内閣府「GDPギャップ、潜在成長率」をもとに作成
出典②：実質GDP→内閣府「国民経済計算（GDP統計）」
このうち、「実額」「四半期」の中の「実質季節調整系列」をもとに作成
※潜在GDPの数値は「GDPギャップ（%）＝100×（実質GDP−潜在GDP）÷潜在GDP」の計算式をもとに算出

GDP（国内総生産） 20ページ

一定期間内に国内で新たに生み出されたモノやサービスの付加価値の合計のことで、国の経済規模を表す。GDPが一定期間にどれだけ増減したかの割合を表すのが「経済成長率」。

オークンの法則 22ページ

実質GDPが前年に比べて大きくなれば完全失業率が下がり、実質GDPが小さくなると完全失業率が上がるという相関関係を示した法則。法則の名前は経済学者アーサー・オークンにちなむ。

失業率 25ページ

2022年12月の完全失業率は2・5％。戦後一番高かったのは、2002年の5・4％（バブル崩壊後）。最も低かったのは1948年の0・7％。

オイルショック 25ページ

原油価格高騰によって起こった世界的なインフレのこと。1973年の第四次中東戦争、1979年のイラン革命により2度発生。急激な物価上昇（狂乱物価）により、日本の高度経済成長は終焉を迎えた。

実質賃金 26ページ

実際に受け取った給与（名目賃金）から消費者物価指数（CPI）に基づく物価変動の影響を差し引いて算出した指数。個人の購買力を示す。

三面等価の原則 28ページ

「生産」「分配」「支出」の3つの面、どこから見てもGDPが同じ値になることを示す、マクロ経済学上の原則。1つの面で変化が起これば他の面にも影響が及ぶ。

輸入超過 31ページ

一定期間の輸入総額が輸出総額より多いこと。貿易赤字。輸入超過になるとGDPが押し下げられる。逆にあたるのが輸出超過（貿易黒字）。

名目GDP 32ページ

GDPをその時の市場価格で評価したもの。物価変動による影響はそのまま反映されている。物価変動の影響を差し引いたものは「実質GDP」。

物価 33ページ

モノやサービスの値段。物価（相対価格）の変動を見るのに用いられるのが消費者物価指数（CPI）。国の経済における物価全体を捉えたものは「一般物価」という。

名目賃金 34ページ

名目賃金は貨幣で受け取った賃金そのものを指す。福利厚生なども含まない。一方、物価変動の影響を差し引き、実質的な賃金価値を示すのは「実質賃金」。

GDPギャップ 36ページ

国の経済全体の総需要（実質GDP）と潜在的な供給力（潜在GDP）の差のことで、需給ギャップともいう。景気判断の参考指標などに用いられる。

デフレギャップ 38ページ

GDPギャップがマイナス（実質GDPが潜在GDPを下回る）の状態。景気停滞または不況と判断される。この状態が続くとデフレ（物価下落）の要因になる。

インフレギャップ 38ページ

GDPギャップがプラス（実質GDPが潜在GDPを上回る）の状態。好況または景気過熱と判断される。この状態が続くとインフレ（物価上昇）の要因となる。

第2章

日本は今、「物価高」「インフレ」ですよね？

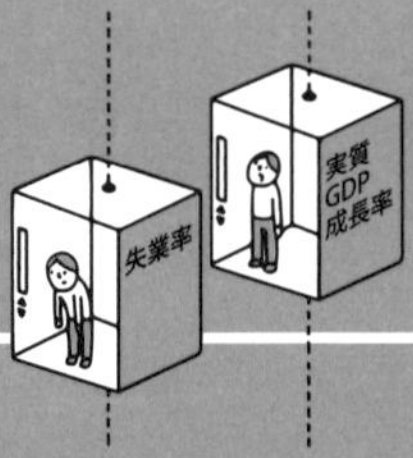

ウクライナ侵攻や円安の影響で、日本は30年ぶりともいわれる消費者物価指数の上昇に見舞われています。しかし、その中身を分析してみると、日本はまだまだデフレ経済から脱却したとはいえず、これから復活に向けて歩み出せるかの瀬戸際にいることがわかります。

物価とインフレ 1

インフレ、デフレって結局どういう状態なんですか？

POINT

物価はモノとカネの量のバランスによって決まる

モノに対してカネがダブつくのがインフレ

最近、「世の中インフレだから……」とか「悪いインフレだから、大変だ」のような言葉をよく耳にします。最初に確認しておきますと、**インフレとは、「インフレーション」の略。デフレとは「デフレーション」の略**です。

いずれも日常でよく耳にする言葉ですが、誤った理解のもとにその言葉が発せられているケースも少なくありません。そこで、まずはインフレとデフレを引き起こす〝物価〟のメカニズムについて説明していきましょう。

ひとことで言えば、物価は**「世の中で売り買いされているモノやサービスの量」**と**「世の中に出回っているカネの量」**のバランスで決まります。

たとえば、世の中で売り買いされているモノより、世の中に出回っているカネの量が多くなると、モノに対してカネがダブつきます。**この場合、モノのほうが相対的に少なくなるため、物価は上がります。**この状態をインフレと呼びます。

一方で、世の中に出回っているカネの量より、世の中で売り買いされているモノのほうが多くなると、今度はカネに対してモノがダブつきます。**モノのほうが相対的に多くなるため、物価が下がる**のです。この状態を**デフレ**と呼びます。

つまり、**インフレとは「カネの量が増えて、モノの価値が上がった状態」、逆にデフレとは「カネの量が減って、モノの価値が下がった状態」**を指しているわけです。

お答えしましょう！

インフレとは物価が持続的に上昇する現象で、需要が供給を上回った状態。デフレはその逆の状態を指します。

■インフレ、デフレとは

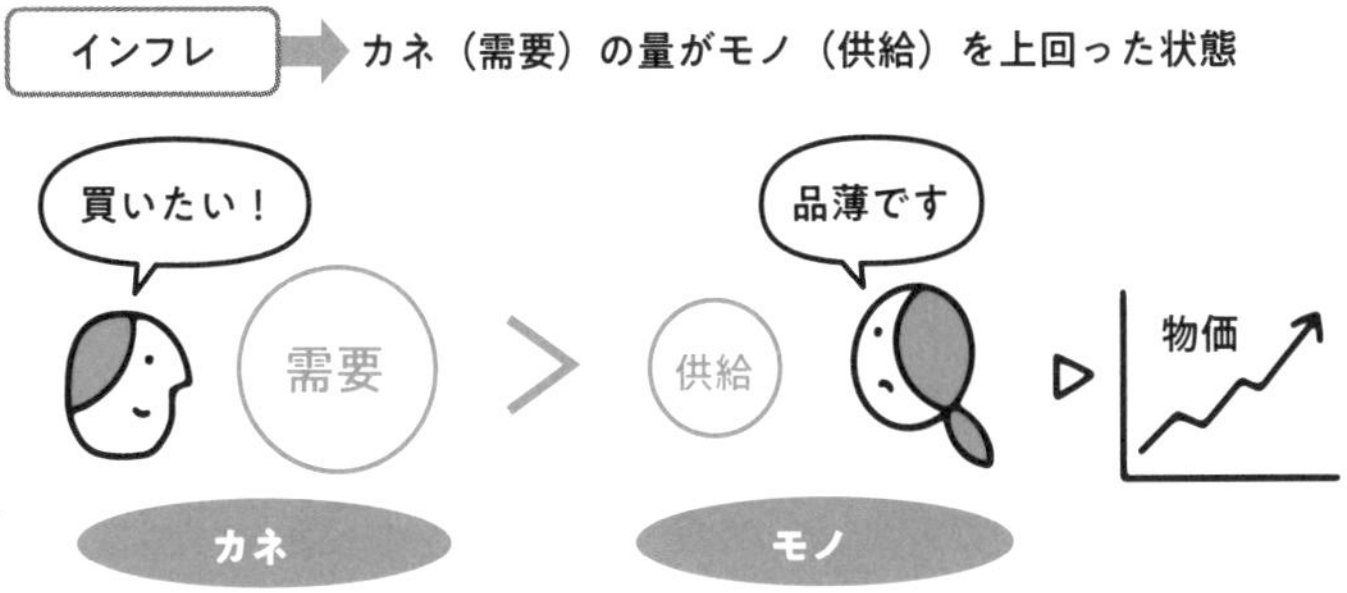

インフレ
カネ（需要）の量がモノ（供給）を上回った状態
買いたい！
品薄です
需要
供給
物価
カネ
モノ

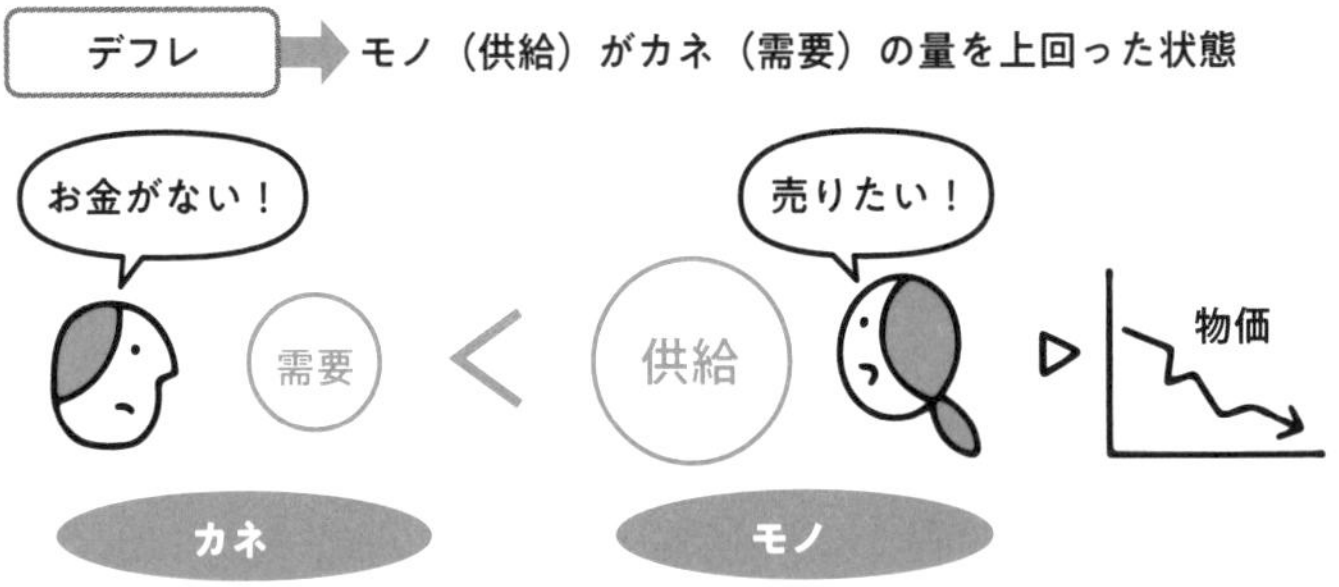

デフレ
モノ（供給）がカネ（需要）の量を上回った状態
お金がない！
売りたい！
需要
供給
物価
カネ
モノ

KEYWORD

物価 …… 国の物価全体を捉えた「一般物価」と個々の物価を表す「相対価格」の2種類がある。

よく「悪いインフレ」は困ると聞きますが……

お答えしましょう！

ファクトとデータに基づく経済学に、「良し悪し」という恣意的な文学表現は存在しません。

■「良いインフレ」といわれる例

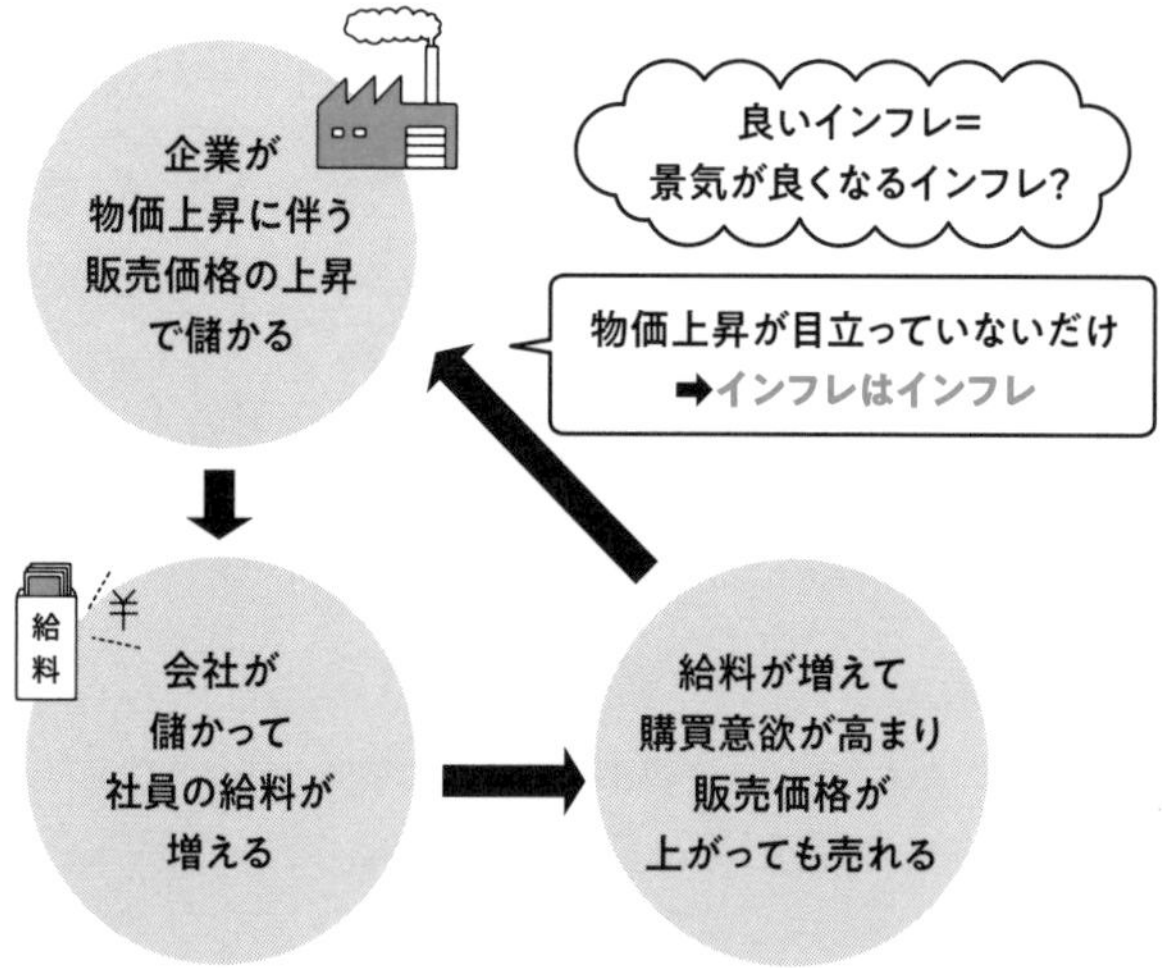
企業が
物価上昇に伴う
販売価格の上昇
で儲かる
良いインフレ=
景気が良くなるインフレ?
物価上昇が目立っていないだけ
➡インフレはインフレ
給料
¥
会社が
儲かって
社員の給料が
増える
給料が増えて
購買意欲が高まり
販売価格が
上がっても売れる

マスコミがでっちあげた「悪いインフレ」

物価が上昇している中で、新聞やテレビなどのメディアで「良いインフレ」「悪いインフレ」という表現を目にすることがあります。しかし、経済学の専門家である私から言わせれば、これほど馬鹿げた表現はありません。

なぜなら、ファクトとデータに基づく経済学に、**〝良い〟や〝悪い〟などという恣意的な文学表現が入り込むすきまなど、1ミリもない**からです。

POINT

インフレに「良い」「悪い」もない！

■「悪いインフレ」といわれる例

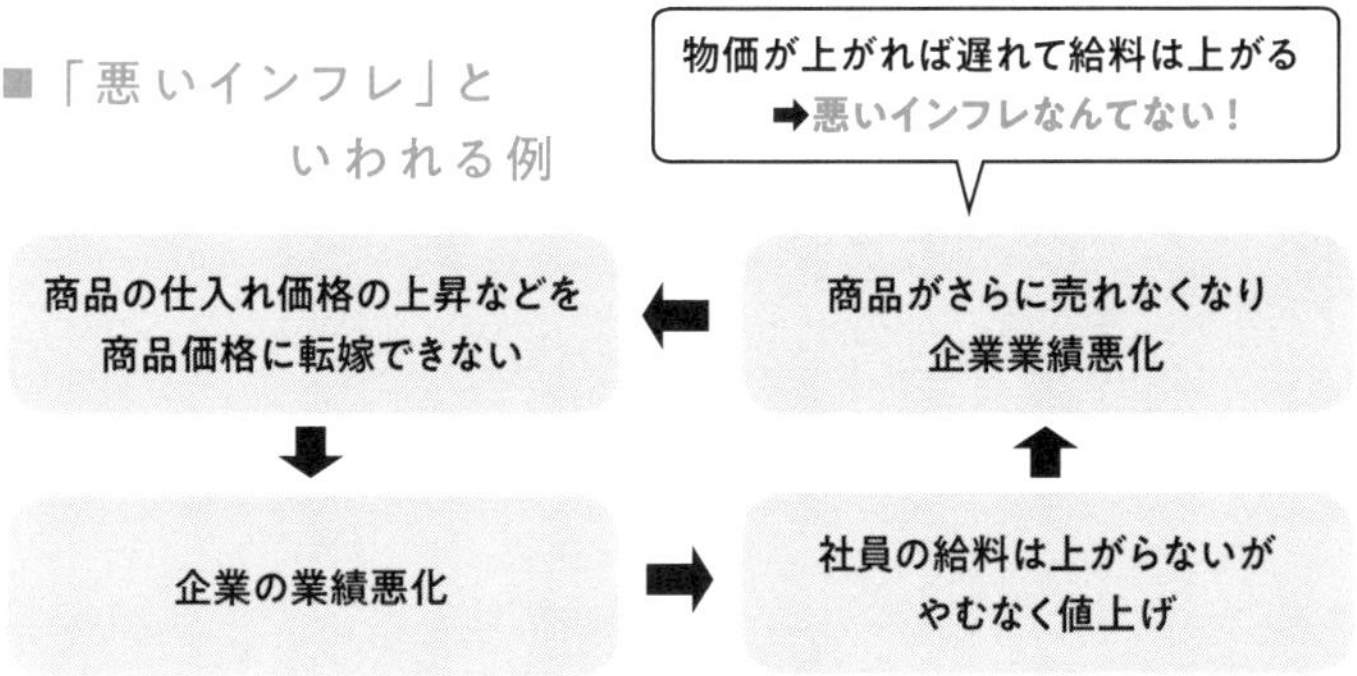

物価が上がれば遅れて給料は上がる
➡悪いインフレなんてない！
商品の仕入れ価格の上昇などを商品価格に転嫁できない
企業の業績悪化
社員の給料は上がらないがやむなく値上げ
商品がさらに売れなくなり企業業績悪化

「良いインフレ」とは、企業が物価上昇に伴う販売価格の上昇で儲かり、社員の給料も上がり、さらに消費意欲が上がるという「景気が良くなるインフレ」ということのようです。

一方、「悪いインフレ」とは、商品の原材料費が上昇しても**価格転嫁**ができず、企業の業績が悪化し、「景気が悪いのに物価が上がる」ことのようです。

したり顔で解説されるので、勘違いしている人も多いのではないでしょうか。たしかに、実際には、インフレもデフレも、ある一定期間は日常生活にマイナスの影響を与えることはありえます。

インフレは、物価上昇が際立つと、「モノを明日買うより今日買うほうが得」という状態になり、買い急ぎが生まれ、物価はさらに上昇します。実は遅れて給料は上昇するのですが急には上がりませんから、「インフレ＝悪い」といわれると、共感してしまうのでしょう。

KEYWORD

価格転嫁……労務費、原材料費等の上昇分を価格に上乗せすること。

じゃあインフレが極端に進んでも「悪い」ってことはないのですか？

お答えしましょう！

物価水準が1年間に数倍以上に上昇するハイパーインフレが起きるとさすがにまずいです。

■ハイパーインフレでお札が紙切れになったことも

ハイパーインフレーションとは、物価水準が１年間に数倍以上に上昇するインフレのこと。第一次世界大戦直後のドイツでは、１兆倍に物価が上がり、買い物をするには札束を積むほど必要になった。

スタグフレーションなどは悪いインフレの例

ただし、本来の意味での「悪いインフレ」というのは実際あります。**「スタグフレーション」**や**「ハイパーインフレーション」**のことです。

スタグフレーションは、**景気停滞を意味する「スタグネーション」と「インフレーション」を組み合わせた合成語**です。

通常、景気が停滞すると、需要が落ち込むことからデフレの要因となりますが、エネルギー価格、原材料や素材関連の価格

POINT

極端にインフレが進むと経済は大きな打撃を受ける

■日本にもスタグフレーションの可能性はある？

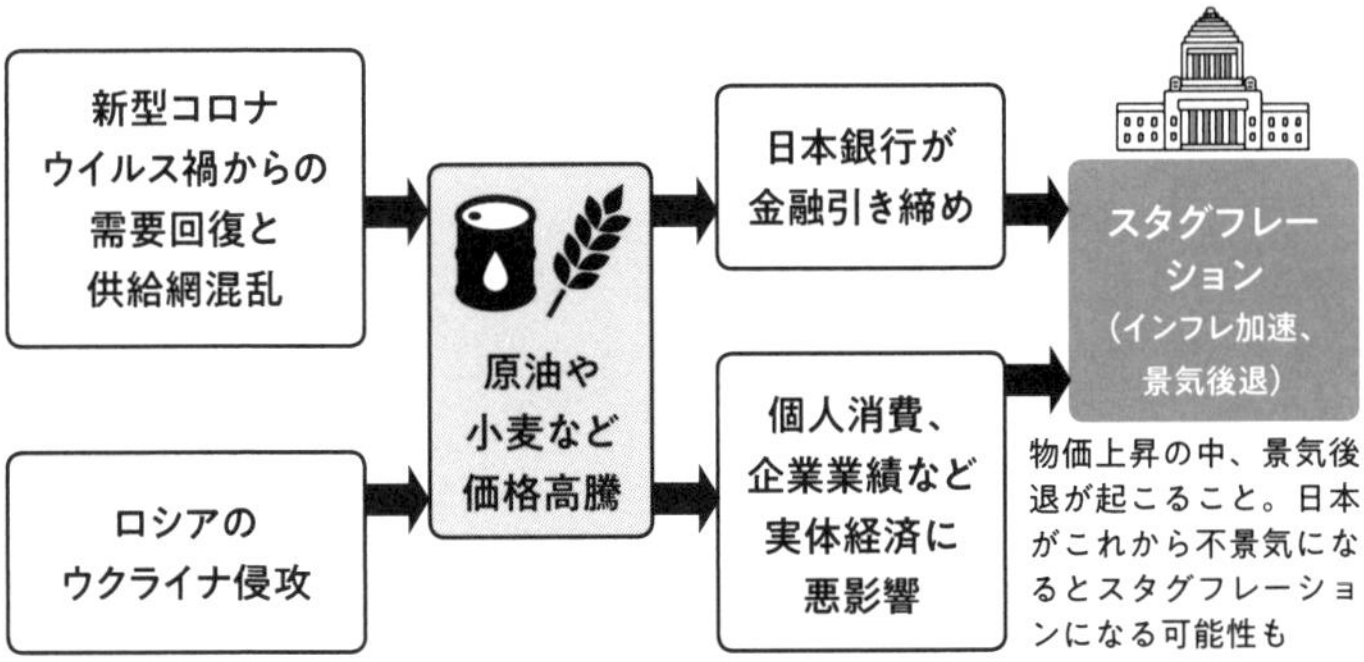
新型コロナウイルス禍からの需要回復と供給網混乱
ロシアのウクライナ侵攻
原油や小麦など価格高騰
日本銀行が金融引き締め
個人消費、企業業績など実体経済に悪影響
スタグフレーション（インフレ加速、景気後退）
物価上昇の中、景気後退が起こること。日本がこれから不景気になるとスタグフレーションになる可能性も

上昇などの影響で、不景気の中でも物価が上昇することがあります。これがスタグフレーションで日本では70年代のオイルショック後がその状態でした。

「ハイパーインフレーション」は、物価が急激に上昇したり、国の財政悪化や通貨の供給量が増えすぎたりで、**自国通貨が紙くず同然となってしまう現象**です。

たしかにどちらも経済にとって非常に有害な現象であることは間違いありません。しかし、これらは極端にインフレが進んだゆえの景気悪化の一例。適度なインフレは決して「悪い」ということはありません。

もし、インフレに伴う景気の良し悪しを分析するのであれば、**「物価上昇率」と「失業率」を根拠にするべきです。**対前年比で物価が何%上昇しているのか、失業率は何%なのかを明確に分けたうえで、景気判断の説明をすれば、すべて整理することができます。

KEYWORD

景気判断……景気の良し悪しを経済指標を分析して解析していくこと。

物価が失業率と関係があるって本当ですか？

POINT
適度なインフレは経済にとって悪いことではない

物価が上がると失業率は下がる！

ここまで、インフレに「悪いインフレ」も「良いインフレ」もない、というお話をしました。そして、そもそもインフレとは「物価が上がること」だという解説もしました。

みなさんの中には、「物価が上がるって、私たちの生活にとっては、やっぱりマイナスなんじゃないの?」と考える人も少なくないでしょう。しかし、それは大きな間違いです。

たしかに「物価高」と聞くと嫌なイメージがありますが、物価が適度に上がることは、決して悪いことではありません。それどころか、むしろ歓迎すべきことといえます。

物価は「経済の体温」にたとえられます。物価上昇は、経済活動がより活発になったことの証だからです。経済活動が活発化するということは、それだけ仕事が増えているということ。すなわち、仕事を得る人が増えて失業者が減ることを意味するのです。

そのことを端的に示しているのが、左ページの「**フィリップス曲線**」です。これは、イギリスの経済学者アルバン・ウィリアム・フィリップスが1958年に発表したもので、物価上昇率と失業率の関係をグラフで表したものです。

このグラフを見ると、「**物価が上がると失業率は下がる」「物価が下がると失業率は上がる」ということが一目瞭然**です。第1章で説明したオークンの法則をきちんと理解できていれば、ピンとくる読者も多いのではないでしょうか。

お答えしましょう!

物価が上がると失業率が下がるという相関関係があることを「フィリップス曲線」は教えてくれます。

■物価は経済の「体温計」

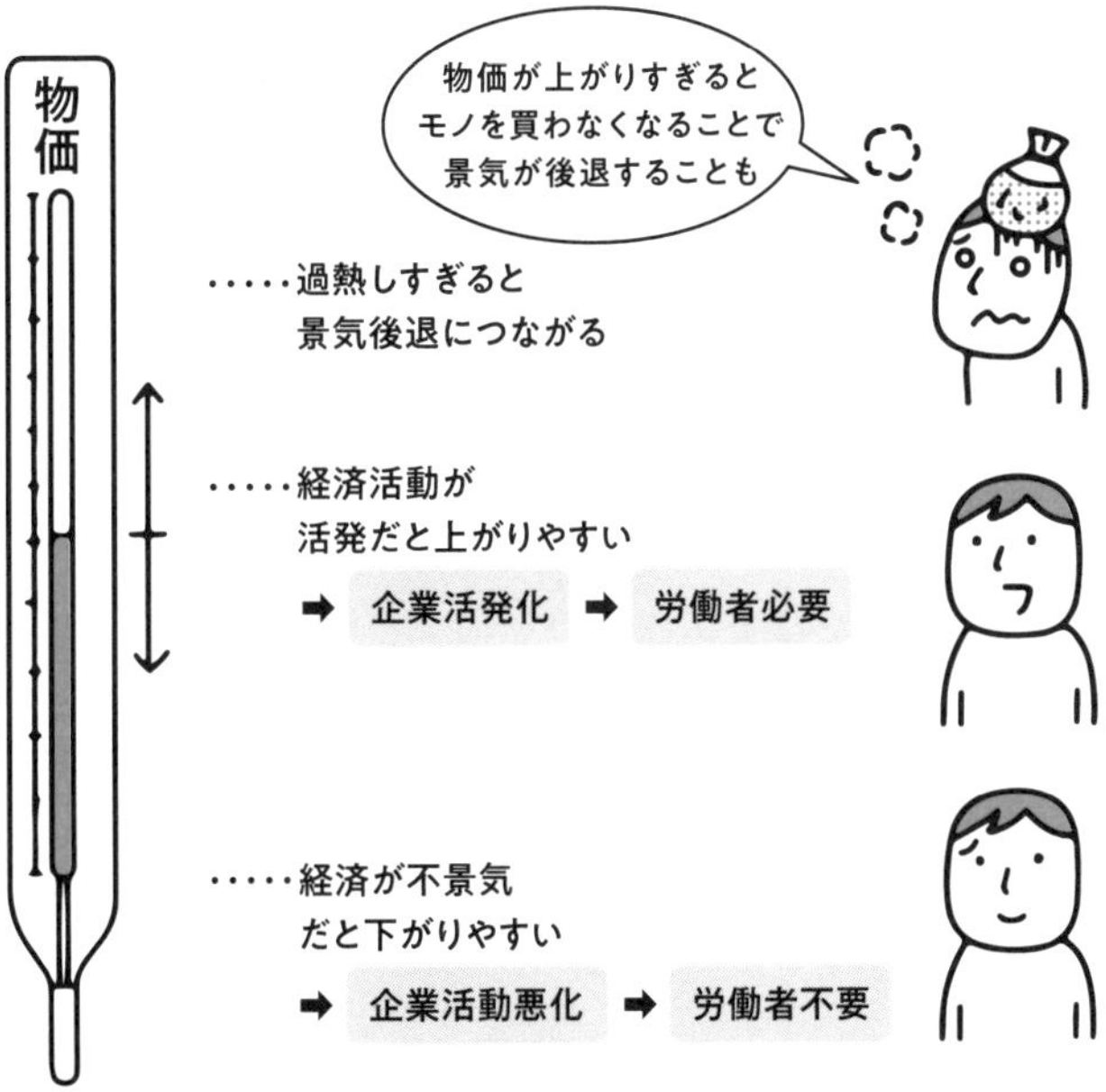

物価
物価が上がりすぎると
モノを買わなくなることで
景気が後退することも
……過熱しすぎると
景気後退につながる
……経済活動が
活発だと上がりやすい
➡ 企業活発化 ➡ 労働者必要
……経済が不景気
だと下がりやすい
➡ 企業活動悪化 ➡ 労働者不要

■フィリップス曲線とは?

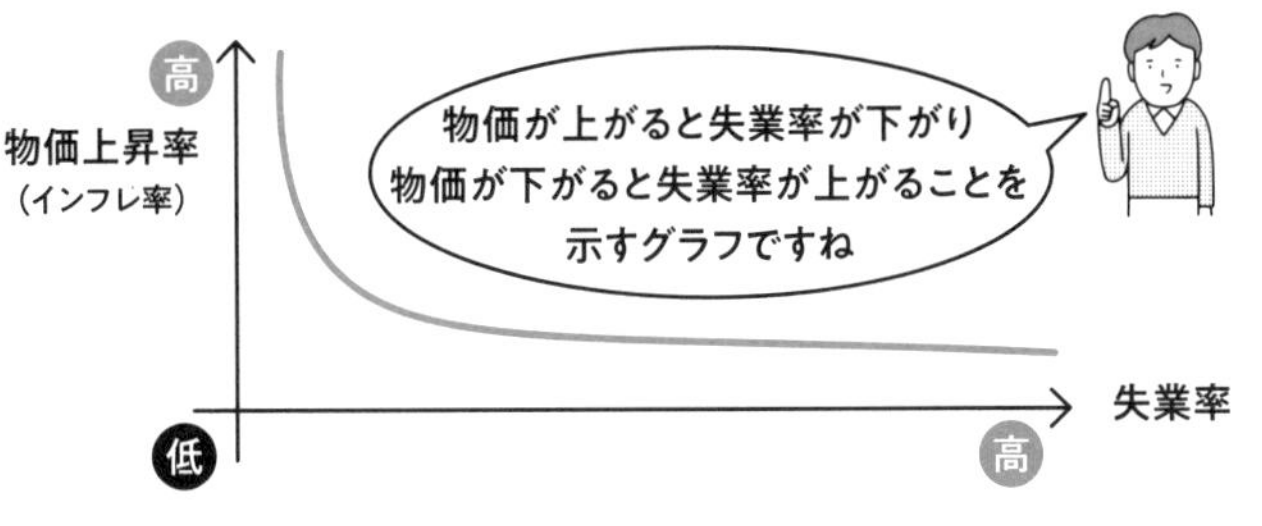

高
物価上昇率
(インフレ率)
物価が上がると失業率が下がり
物価が下がると失業率が上がることを
示すグラフですね
失業率
低
高

日本はずっとデフレでしたが、雇用状況は良くなっているのですか？

物価が上がって失業率の改善が見て取れる日本

フィリップス曲線が示しているとおり、物価と失業率は逆の動きをします。この関係性を〝逆相関関係にある〟といいます。

もう少し詳しく見てみましょう。左図は、1990年から2021年までの**「消費者物価指数**（前年比）」を横軸、「完全失業率」（内閣府公表）を縦軸にして散布図にしたものです。

これを見ると、2009年は物価上昇率がマイナス1・4％となっており、失業率は5・1％と近年では最悪の失業率となっています。

それが、2019年の数字では、物価上昇率がプラス0・5％で、失業率が2・4％と大きく改善しています。この結果からも、**デフレが改善し物価が上がると、失業率が下がり雇用が改善される**ということがはっきりと見て取れますね。

アメリカの中央銀行である、FRB（連邦準備理事会）の責務は、「物価の安定」とともに「雇用の確保」が2本柱となっています。それだけ、**物価と雇用は密接に関わり合っているということです。**

一部の論客の間では、「インフレによって物価が上昇すると、低所得層の生活が圧迫され、格差社会の拡大がさらに助長される」なんて主張がまかり通っていますが、このようなデタラメな言説にだまされてはいけません。

物価が上がれば雇用が改善するわけですから、仕事を失って**生活に困窮している人たちにとっては、適度なインフレはむしろ望ましい状態**なのです。

POINT
物価と失業率は中央銀行が重視する経済指標

お答えしましょう！

2009年と2019年を比較すると物価が上がっているため、雇用も著しく改善しています。

■1990年～2021年の消費者物価指数（前年比）と完全失業率の散布図（フィリップス曲線）

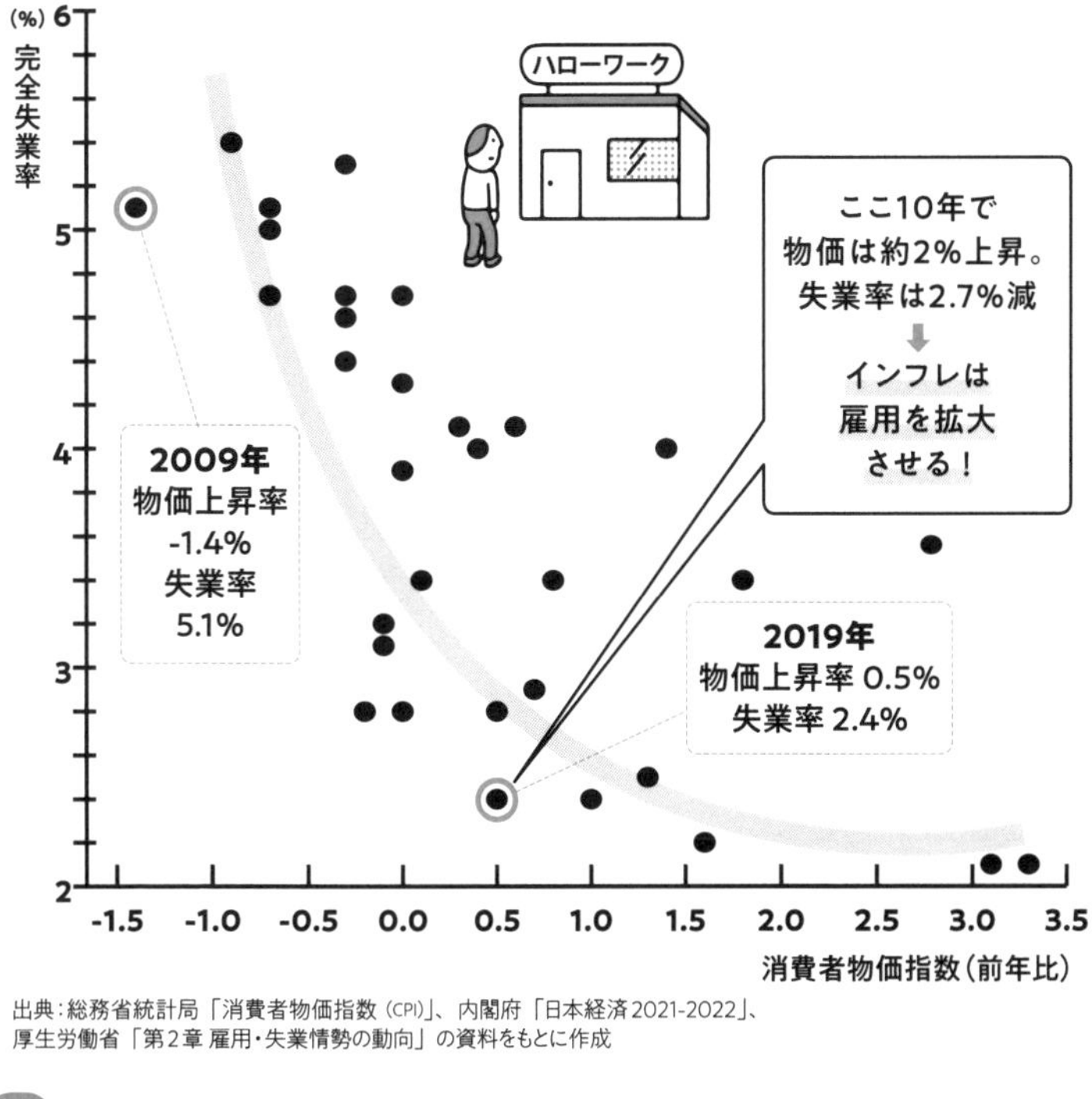

(%)
完全失業率
6
5
4
3
2
ハローワーク
ここ10年で
物価は約2%上昇。
失業率は2.7%減
インフレは
雇用を拡大
させる！
2009年
物価上昇率
-1.4%
失業率
5.1%
2019年
物価上昇率 0.5%
失業率 2.4%
-1.5
-1.0
-0.5
0.0
0.5
1.0
1.5
2.0
2.5
3.0
3.5
消費者物価指数（前年比）

出典：総務省統計局「消費者物価指数（CPI）」、内閣府「日本経済2021-2022」、厚生労働省「第2章 雇用・失業情勢の動向」の資料をもとに作成

KEYWORD

デフレ……モノやサービスなどの価格が下がり、相対的にお金の価値が上がること。

経済成長率と物価上昇率には何か関係があるのですか？

お答えしましょう！

それぞれ、失業率と逆相関の関係にあるといえるでしょう。

■ オークンの法則をザックリ理解

➡経済成長を続けることが失業率ダウンにつながることを統計的に説明した法則

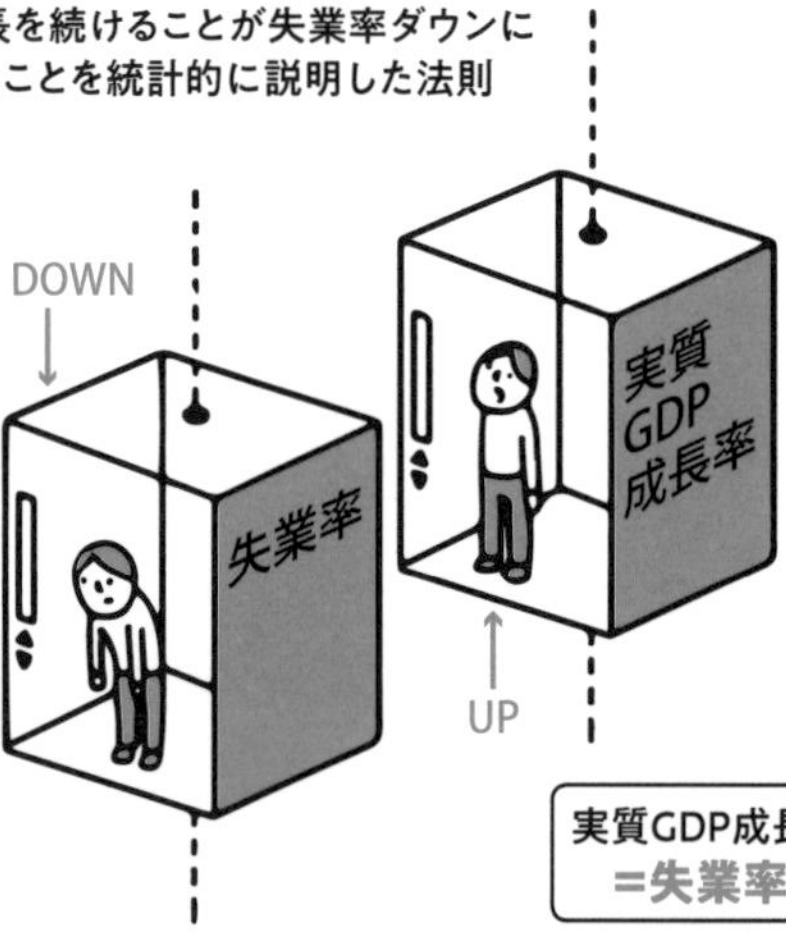

実質GDP成長率上がる
=失業率下がる

失業率を目安とする2つの経済理論の関係性は？

「オークンの法則」は経済成長率と失業率の相関関係を示したものでした。また49ページで解説した「フィリップス曲線」は物価上昇率と失業率の相関関係を表すものです。

ただ、どちらも失業率の目安となる経済理論ではありますが、**前者は経済成長率と失業率、後者は物価上昇率と失業率がそれぞれ逆相関の関係にあることを示しており、別の経済法則である**といえます。

POINT

オークンの法則とフィリップス曲線の関係から紐解ける

■フィリップス曲線をザックリ理解

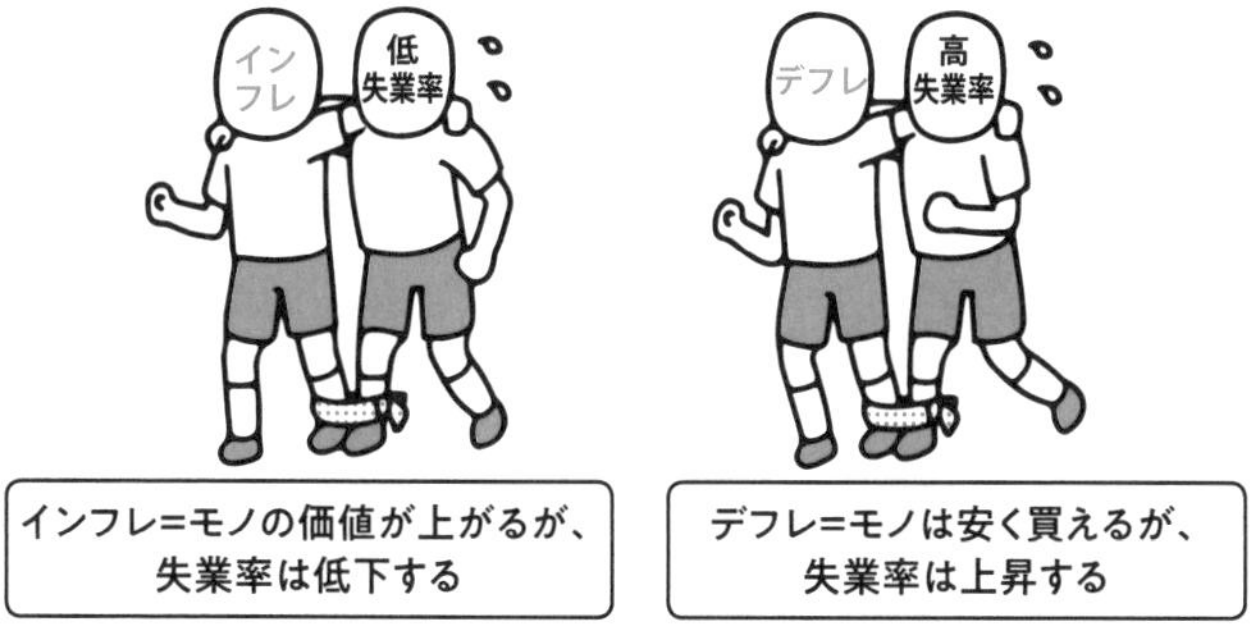
インフレ
低失業率
インフレ＝モノの価値が上がるが、失業率は低下する
デフレ
高失業率
デフレ＝モノは安く買えるが、失業率は上昇する

「オークンの法則とフィリップス曲線はよく似ているし、何か関係があるに違いない」と勘でいうのでは、経済を学ぶ者として〝失格〟です。

オークンの法則ってなんだっけ？　と忘れてしまった人のためにおさらいをしておくと、**「経済成長を続けること**（GDP成長率アップ）**こそが、仕事に就けず生活に困る人数を抑えることができる**（失業率ダウン）」ということを統計的に説明した法則です。

フィリップス曲線は、物価が上昇する（物価上昇率アップ＝インフレ）**と失業率が改善する**（失業率ダウン）**ことを統計的に説明した法則**でした。つまり、GDP成長率と物価上昇率になんらかの相関があると推測ができるということになります。

そこで、この別個の経済理論の関係性をロジカルに整理するために、次項から「GDPギャップ」の概念を使って考えてみることにします。

KEYWORD
逆相関関係……片方の値が増加するともう片方が減少するなど、2つの値が逆の動きを示す関係。

GDPギャップからどんなことがわかる？

POINT
実質GDPとは物価変動の影響を取り除いたGDPのこと

失業率と物価の関係性がわかる

GDPギャップとは、36ページでも解説したとおり、一国の総需要と総供給の差を示すもので、「(実質GDP（総需要）－潜在GDP（総供給））÷潜在GDP（総供給）」で算出できます。

総需要である「実質GDP」が大きくなり、総供給である「潜在GDP」を上回ると、「GDPギャップ」はプラスになります。この状況下では、膨らむ需要に応えるために供給がさかんとなり、労働市場が活性化され、「失業率」が下がります。一方で、需要と供給のバランスから「物価」は上がります。

逆に、**「実質GDP」が小さくなり、総供給である「潜在GDP」を下回ると、「GDPギャップ」はマイナス**になります。

この状況下では、需要の停滞に応じて供給不振となり、労働市場が衰退し、「失業率」が上がります。一方、需要と供給のバランスから「物価」は下がります。

実質GDPという指標を使った経済法則ですが、実質GDPとは国の経済力を示す指標で、**経済成長率**といい換えることもできます。

ここで、「経済成長率」「物価上昇率」「失業率」の3つの関係性が見えてきます。

つまり、**「実質GDP（経済成長率）アップ⇒GDPギャップがプラス⇒失業率ダウン⇒物価アップ」**といえます。また、**「実質GDP（経済成長率）ダウン⇒GDPギャップがマイナス⇒失業率アップ⇒物価ダウン」**ということがわかるのです。

＼ お答えしましょう! ／

需要の変化が労働力に影響し、ひいては、失業率と連動するということがわかります。

■GDPギャップが「プラス」の場合

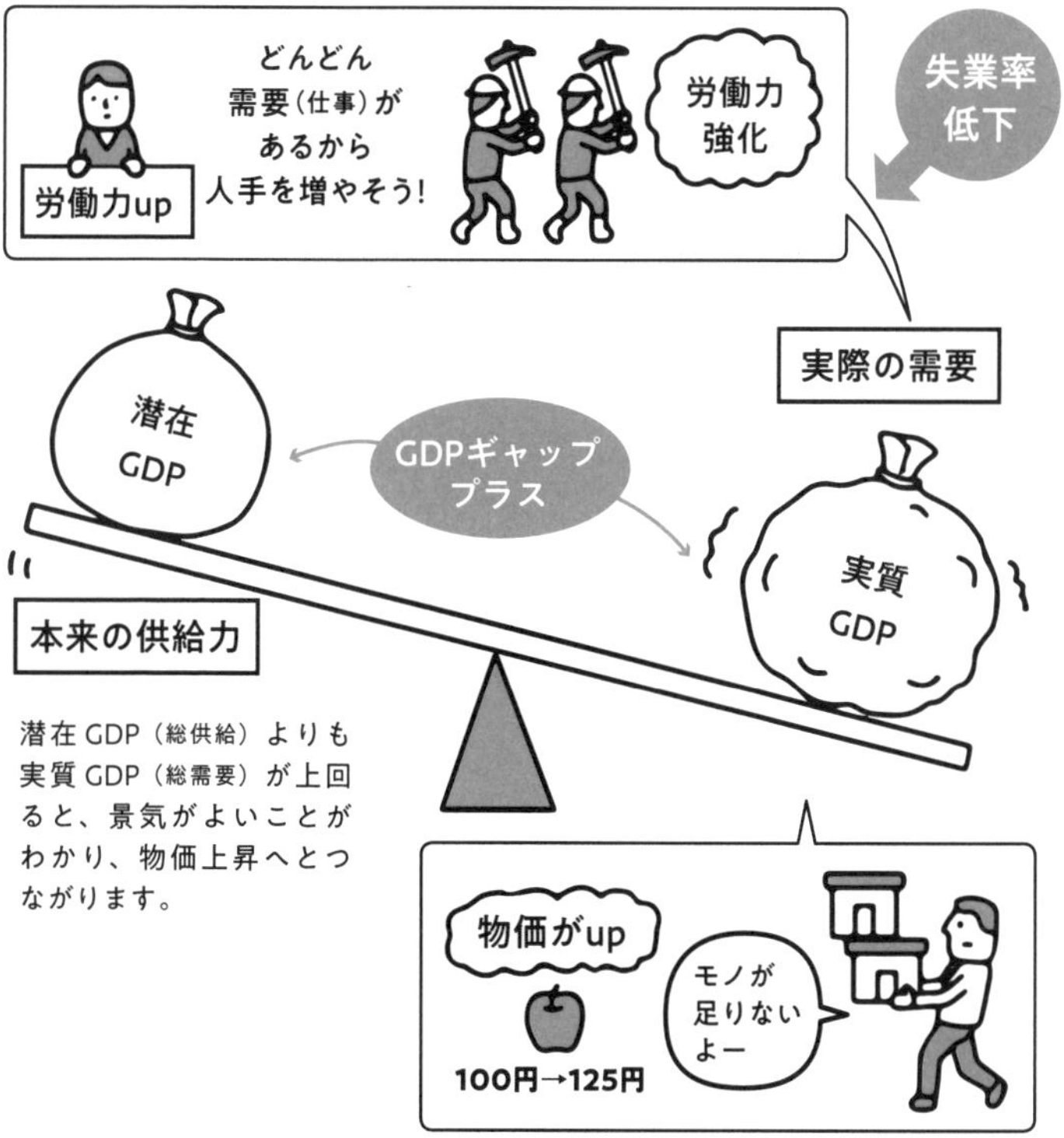

労働力up
どんどん
需要(仕事)が
あるから
人手を増やそう!
労働力
強化
失業率
低下
実際の需要
潜在
GDP
GDPギャップ
プラス
実質
GDP
本来の供給力
物価がup
100円→125円
モノが
足りない
よー

潜在GDP(総供給)よりも実質GDP(総需要)が上回ると、景気がよいことがわかり、物価上昇へとつながります。

KEYWORD

潜在GDP …… 現存の資本や労働などの生産要素が最大限に投入された場合、実現可能な総産出量をいう。

GDPギャップによると今の日本経済はどんな状況？

お答えしましょう！

値上がりしているものの、まだまだデフレから脱却できず、好景気とは程遠い状況です。

■ 1990年～2021年の消費者物価指数（前年比）と完全失業率とGDPギャップの推移

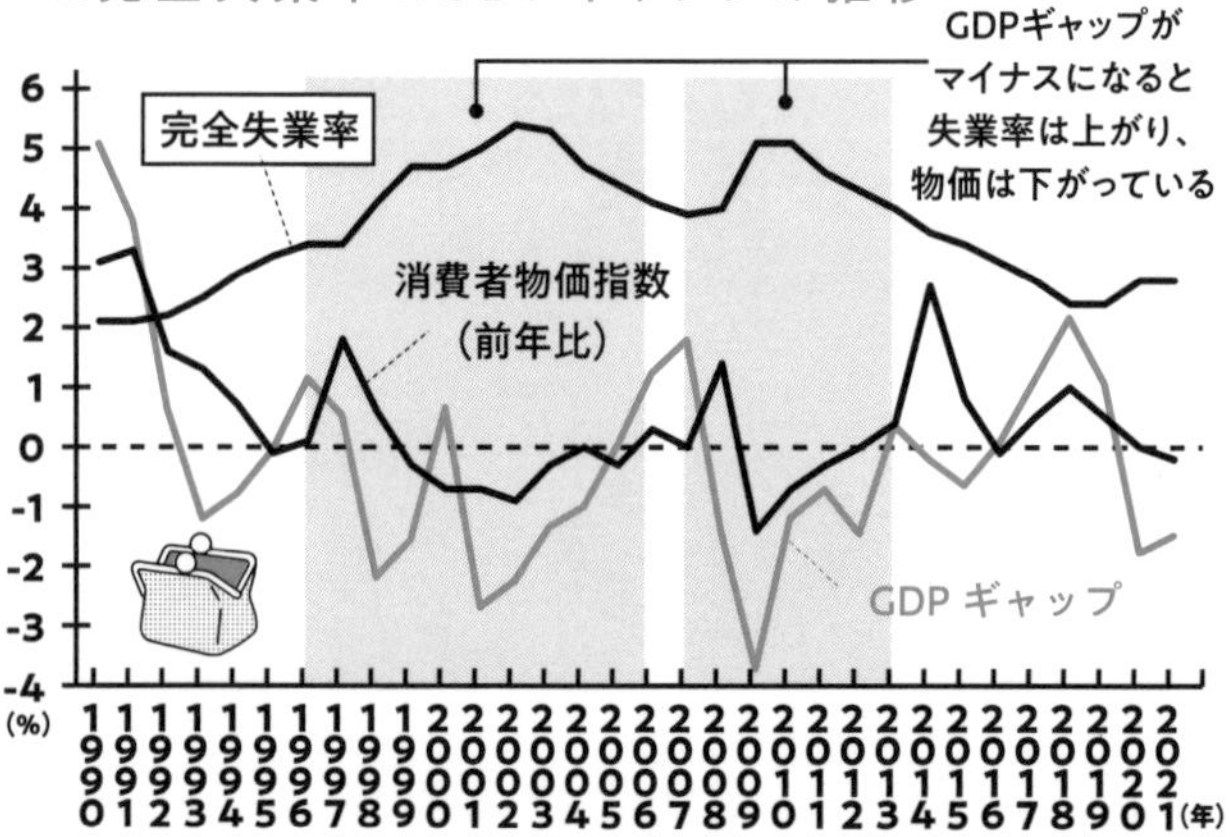

出典：日本銀行「需給ギャップと潜在成長率」、総務省統計局「消費者物価指数（CPI）」、「労働力調査」をもとに作成

2016年から2019年は好転していた

これまで見てきたように、GDPギャップを使って考えることで、オークンの法則とフィリップス曲線から推測される「経済成長率と物価上昇率と失業率の三つ巴の関係性」をすっきりとロジカルに整理することができます。

この三つ巴の関係性は、実際のデータにも符合します。右上のグラフは、1990年から2021年までの「GDPギャップ」「失業率」「物価」の推移を

POINT

コロナ禍では実質GDPが潜在GDPを下回っている

■日本の潜在GDP・実質GDPの推移

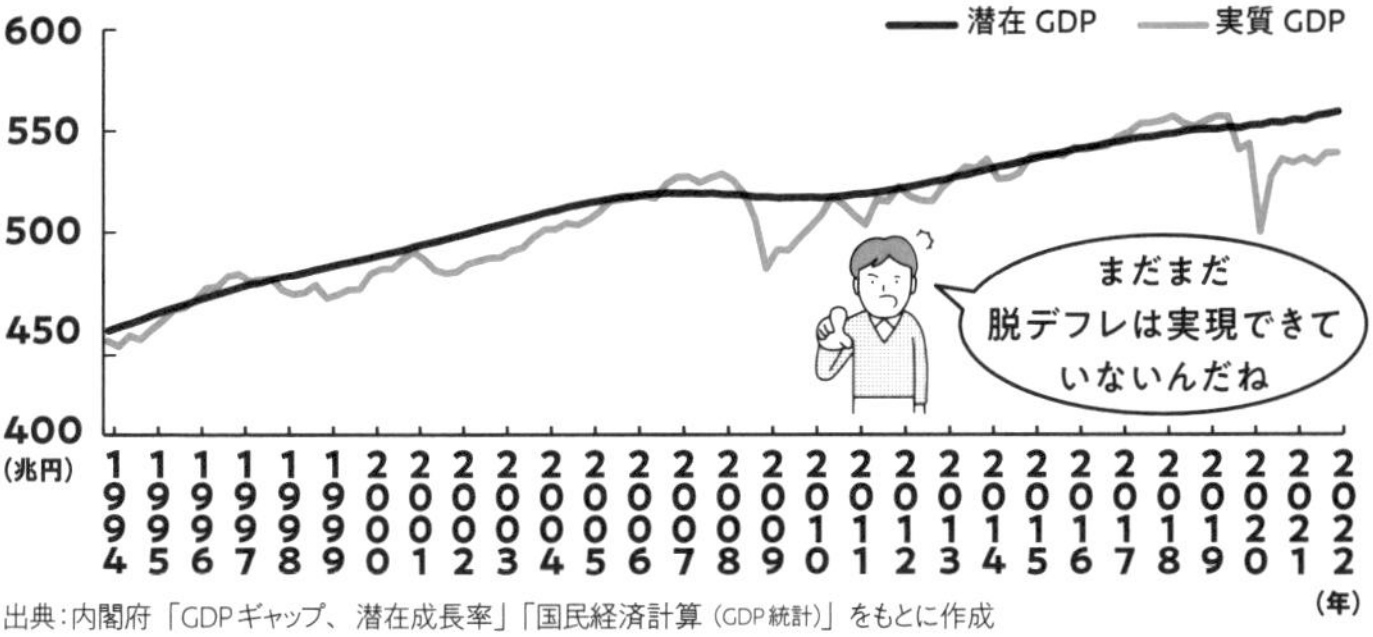

潜在 GDP
実質 GDP
600
550
500
450
400
(兆円)
1994 1995 1996 1997 1998 1999 2000 2001 2002 2003 2004 2005 2006 2007 2008 2009 2010 2011 2012 2013 2014 2015 2016 2017 2018 2019 2020 2021 2022
(年)
まだまだ
脱デフレは実現できて
いないんだね

出典：内閣府「GDPギャップ、潜在成長率」「国民経済計算（GDP統計）」をもとに作成

表したもの。これを見ると、たとえば、2016年から2019年にGDPギャップの値がプラスに転じた局面では、**失業率はダウンし、物価は低いとはいえ、どちらかというと上昇傾向にある**といえます。

　また、左上のグラフは、日本の潜在GDPと実質GDPの推移を表したグラフです。コロナ禍の現在、実質GDPが潜在GDPを下回っており、GDPギャップがいまだマイナスとなっていることがわかります。

　去年から今年にかけてあらゆる商品の値上げが話題となり、日本にもインフレの波がいよいよ押し寄せているという声も上がっています。ただし、データを見ると、**依然コロナ禍による不景気から脱することができず、デフレから脱していない**ことがわかります。

　物価高といわれているのに、脱デフレが実現できていないとは、どういうことか、次の項でお話します。

KEYWORD

経済成長率……ある一定の期間において、国の経済の規模が拡大する速度のことを表している。

物価と
インフレ
9

「物価」ってつまりは、物の値段のことじゃないの？

お答えしましょう！

物価とはモノやサービスなどの価格の動きを把握するための統計指標。大きく2種類あります。

■ 物価には2種類ある

一般物価

国の経済における
「物価」の全体

政府が決めた
約600品目の加重平均額

相対価格

私たちが口にする「物価」＝
個々のモノ・サービスの価格

それぞれの需給によって
変動する

混同することが多い 一般物価と相対価格

そもそも、「物価ってなんなの？」と思う人もいるかもしれません。そこで、物価の定義について解説していきましょう。

通常、物価とは、**一国の経済における物価の全体を捉えた「一般物価」**のことを指します。つまり、一般物価が継続的に上昇する状態が「インフレ」、継続的に下落する状態が「デフレ」となります。

一方で、**私たちが日常的に口にする〝物価〟は、個々のモノ**

POINT

物価全体の動きを見る際は一般物価をチェック！

■ 消費者物価指数（CPI）とは

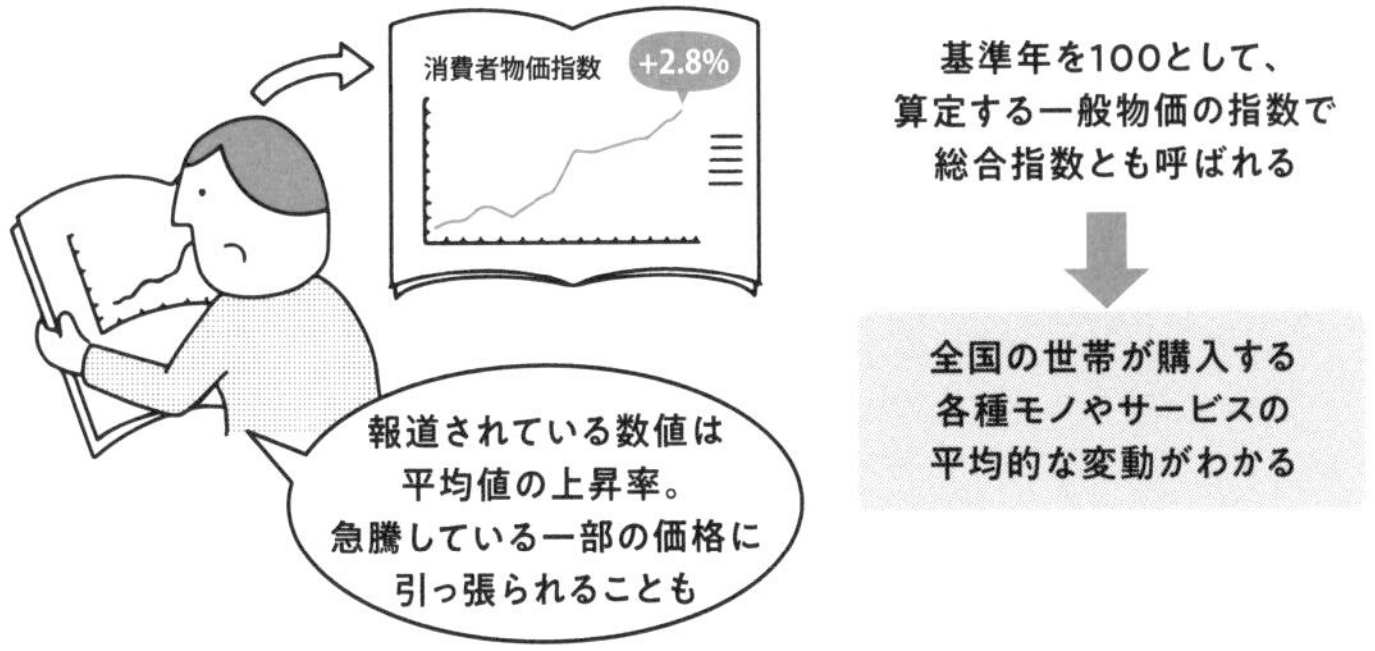
消費者物価指数
+2.8%
基準年を100として、
算定する一般物価の指数で
総合指数とも呼ばれる
全国の世帯が購入する
各種モノやサービスの
平均的な変動がわかる
報道されている数値は
平均値の上昇率。
急騰している一部の価格に
引っ張られることも

やサービスの価格を指す「相対価格」であることがほとんどです。相対価格は、インフレやデフレとは関係なく、それぞれのモノやサービスの需給を反映して常に変動します。

　これまでにも触れたように、ガソリンや小麦粉が値上がりしたことを「インフレの証拠」という人がいますが、これは「一般物価」と「相対価格」を混同しているわかりやすい例です。

　さて、一般物価は、よく使用されている約600品目をピックアップし、その価格に応じた加重平均によって指数化しています。**この指数が、基準年を100として、上がったか下がったかを見るのが「消費者物価指数（CPI）」**で、**「総合指数」**とも呼ばれます。新聞によく掲載されているのは、この消費者物価指数です。

　また、物価の変動を把握しやすくするため、季節の変動を受けやすい生鮮食品を除いた指数を「コアCPI」と呼びます。

KEYWORD

加重平均……単純に平均するのではなく、重要度の高い特定の数値に重みをつけて平均値を出す。

日本にインフレは到来していますか？

POINT

コアCPIだけを見ていては本当の日本経済の姿は見えない！

日本の現状は「コアコアCPI」を見るべし

前ページのコアCPIから**資源高の影響を受けやすいエネルギーを除いた物価指数を「コアコアCPI」**と呼びます。

CPI、コアCPI、そしてコアコアCPI。これら3つの指標のうち、**インフレやデフレを判断する際に着目すべきは「コアコアCPI」**です。値動きの激しいエネルギーと生鮮食品を除くことで、**物価の動きをもっとも正確に把握することができる**からです。

左ページのグラフは、2020年7月から2022年7月までの「CPI」「コアCPI」「コアコアCPI」の推移を表したものです。

グラフの「CPI」と「コアCPI」に着目すると、2022年は物価が大きく上昇しているようにも見えますね。しかし、これは昨今の世界情勢によってエネルギーの価格が高騰した結果にすぎません。

その証拠に、「コアCPI」からエネルギーを除いた**「コアコアCPI」に着目すると、インフレ目標の下限である1％にも達していません**。つまり、日本にはまだインフレなど起きていないのです。

マスコミは、コアCPIのみを切り取ってはすぐに「インフレ到来のおそれあり！」とバカ騒ぎをしますが、**GDPギャップがマイナスである現在の日本では、本格的なインフレの到来などまだまだ先**のこと。こうしたマスコミのミスリーディングにだまされないためにも、正しい経済知識を身につけることは非常に大切です。

お答えしましょう！

コアCPIではなく、コアコアCPIを見れば、日本のインフレ到来はまだ先であることは明白です。

■CPI、コアCPI、コアコアCPIの推移
（2020年＝100として指数化）

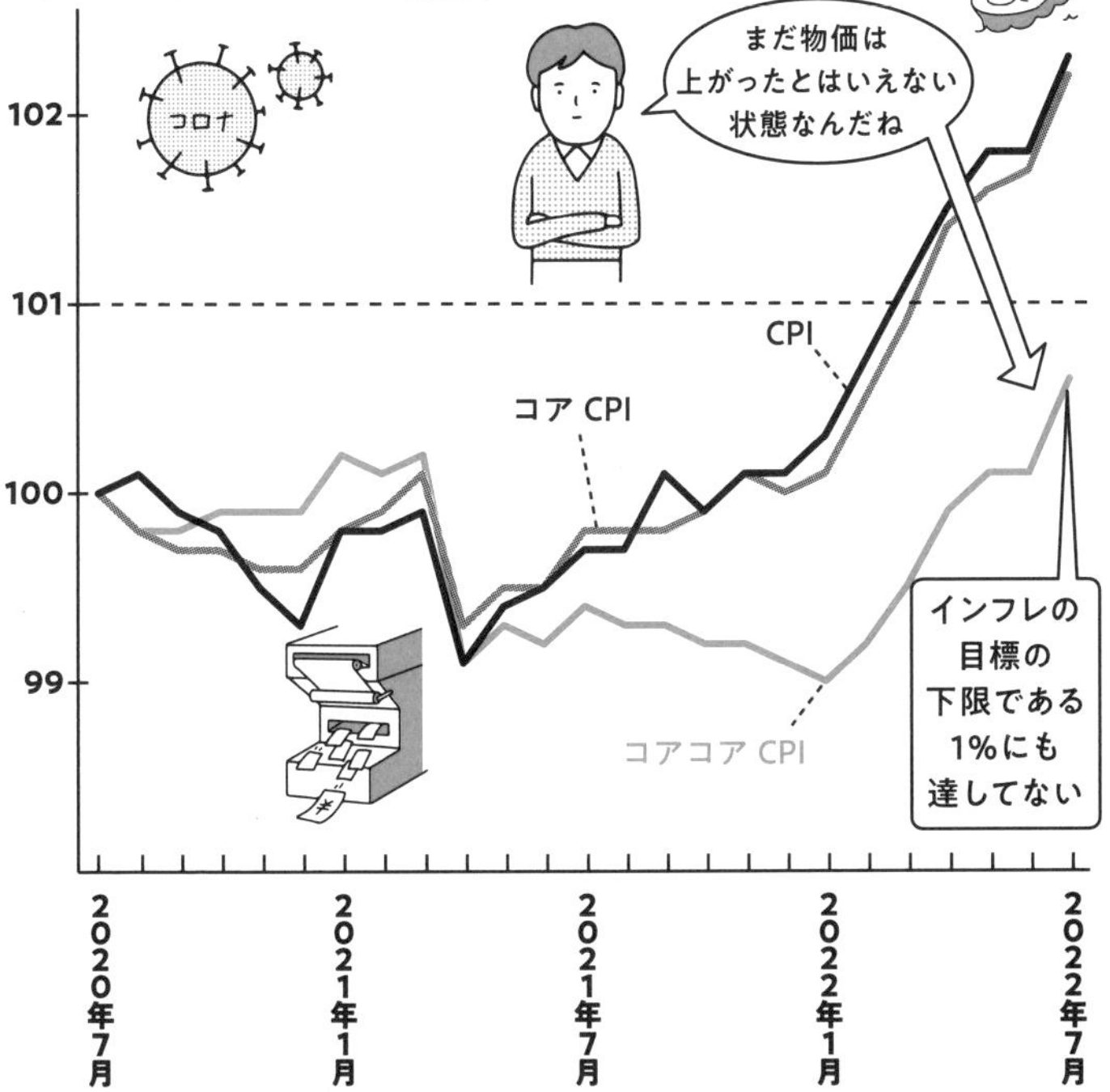

102
101
100
99
コロナ
まだ物価は
上がったとはいえない
状態なんだね
CPI
コアCPI
コアコアCPI
インフレの
目標の
下限である
1%にも
達してない
2020年7月
2021年1月
2021年7月
2022年1月
2022年7月

出典：総務省統計局「消費者物価指数（CPI）」をもとに作成

KEYWORD

コアコアCPI……コアCPIから天候や市況など外的要因に左右されるエネルギーを除いて算出した指数。

インフレ 42ページ

物価が上がり、相対的にお金の価値が下がる状態が続くこと。円安になりやすい。過度なインフレで物価が短期間で数倍、数十倍になり、お金の価値が大幅に下落する状態は「ハイパーインフレ」と呼ばれる。

デフレ 42ページ

物価が下がり、相対的にお金の価値が上がる状態が続くこと。円高になりやすい。物価の下落で賃金が上がらなくなり、より一層モノが売れなくなった結果、さらに物価が下落するという悪循環に陥ることを「デフレスパイラル」という。

価格転嫁 45ページ

原材料費の価格上昇や消費税の増税などにより増加する負担分を、製品やサービスなどの価格に上乗せ（＝値上げ）すること。

景気判断 47ページ

好況・不況など景気の移り変わりを予想すること。政府が月次で公表する「月例経済報告」や「景気動向指数」などが資料となる。

金融引き締め 47ページ

中央銀行が、物価の安定や景気過熱（インフレ）の抑制を目的に実施する金融政策。政策金利や預金準備率を引き上げることで、市場の通貨量を減らす。

フィリップス曲線 48ページ

物価上昇率（または賃金上昇率）と失業率の関係を表す曲線で、物価上昇率（または賃金上昇率）が上がる（下がる）ほど失業率が下がる（上がる）ことを示す。経済学者アルバン・ウィリアム・フィリップスが1958年に発表。

実質GDP 54ページ

GDPから物価変動による影響を取り除き、その年に生産されたモノやサービスの本当の価値を算出したもの。GDPをその時の市場価格でそのまま評価したものは「名目GDP」という。

潜在GDP 54ページ

平均的な水準で生産要素を投入した場合に実現可能と推計されるGDPのこと。ポテンシャルGDPとも呼ぶ。経済の基礎体力を表す推計値として、GDPギャップを計算するときに使う。

経済成長率 56ページ

GDPを前年や前期と比較したときの伸び率を表し、GDP成長率とも呼ぶ。経済が好調のときは経済成長率が高く、不調であれば低くなる。

消費者物価指数（CPI） 59ページ

消費者が購入するモノやサービスの価格の動きを、一定条件のもと時系列的に測定するもの。総務省が月1回公表。「経済の体温計」とも呼ばれる、国の経済施策を決める上でも重要な指数。

コアCPI 60ページ

消費者物価指数（CPI）から、天候の変化などに左右されやすい生鮮食品を除いて算出した指数のこと。ここでいう生鮮食品とは、生鮮魚介、生鮮野菜、生鮮果物のことを指す。

コアコアCPI 60ページ

CPIから、外的要因による値動きの激しい食料品（酒類を除く）とエネルギーを除いて算出した指数のこと。アメリカなど海外諸国では物価の動きを把握するのに同指数が利用されており、日本でも注目され始めている。

第 3 章

これから日本の「金利」は上がっていくのですか？

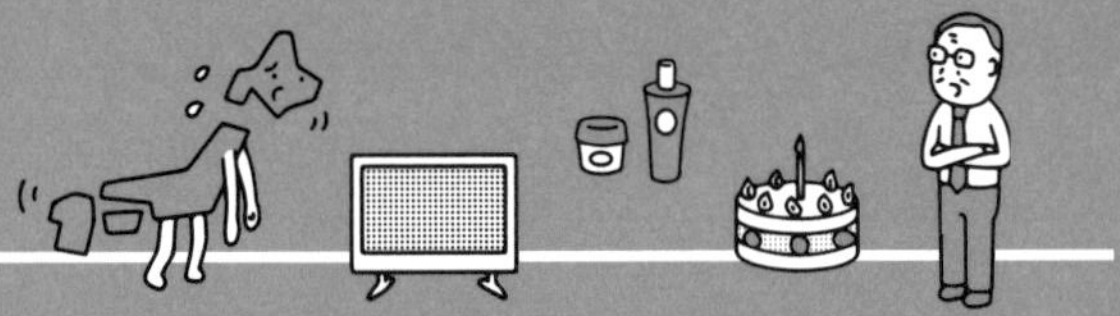

米国も欧州もコロナ禍の経済停滞から脱却し、インフレ過熱が進む中、政策金利の引き上げを推進しています。そんな中、日本だけが、相変わらず「金融緩和」「ゼロ金利政策」を維持しています。はたして、このまま先進国に後れをとったままでいいのでしょうか？

モノの価値はどうやって決まるの？

お答えしましょう！

モノやサービスを欲しい人が増えて「実質GDP>潜在GDP」になると、物価が上昇します。

■ モノの値段はどう決まる？

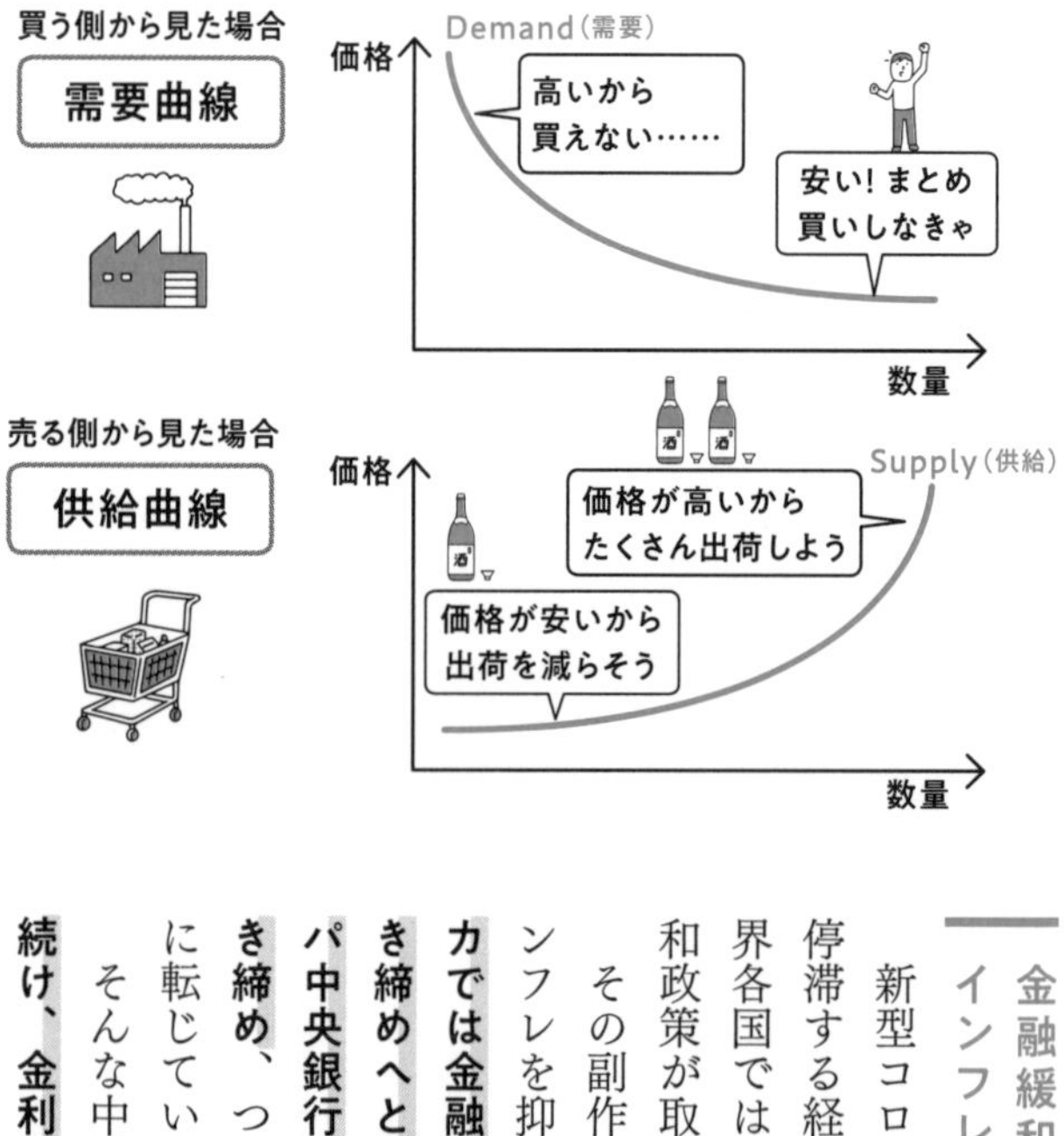
買う側から見た場合
需要曲線
価格
Demand（需要）
高いから
買えない……
安い! まとめ
買いしなきゃ
数量
売る側から見た場合
供給曲線
価格
Supply（供給）
価格が高いから
たくさん出荷しよう
価格が安いから
出荷を減らそう
数量

金融緩和を続けてもインフレにならない？

新型コロナウイルスによって停滞する経済を支えるため、世界各国では金利を下げる金融緩和政策が取られてきました。

その副作用として発生したインフレを抑え込むため、**アメリカでは金融緩和をやめ、金融引き締めへと政策転換。ヨーロッパ中央銀行やイギリスも金融引き締め、**つまり**金利の引き上げ**に転じています。

そんな中、**日本は金融緩和を続け、金利差を背景に円安・ド**

POINT

金融引き締めは、物価の安定を目指して行われる

■売り手と買い手が納得する価格＝均衡価格

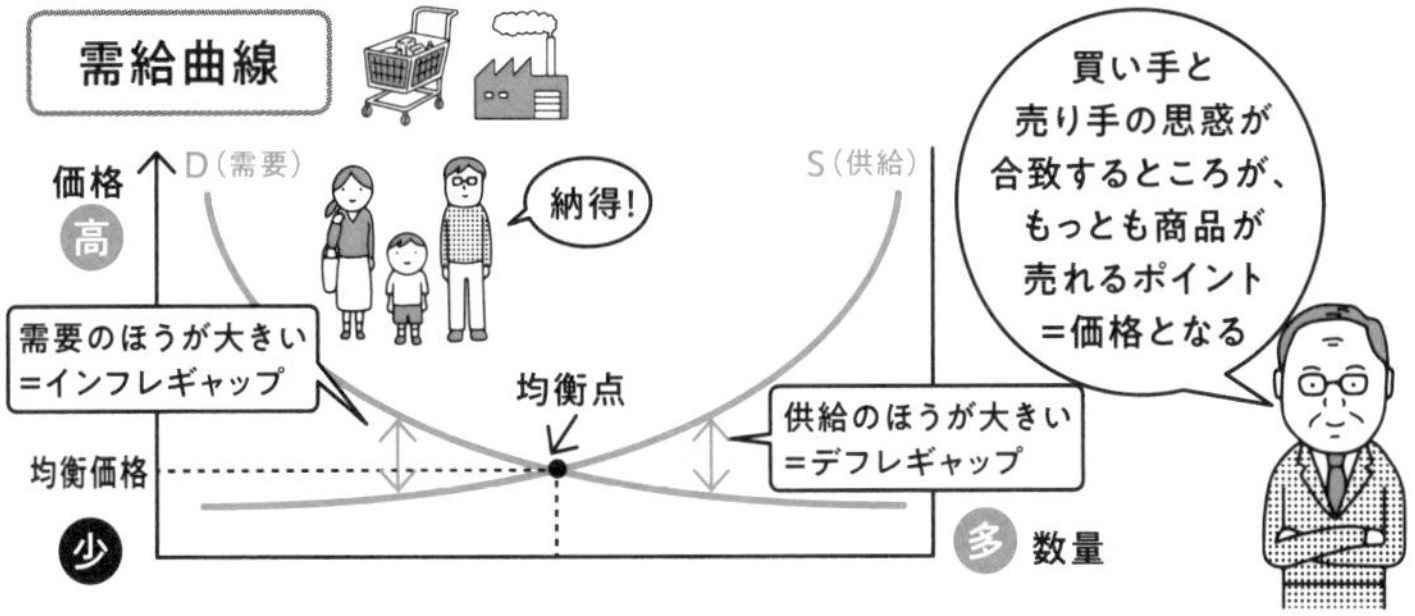
需給曲線
価格
高
D（需要）
S（供給）
納得!
買い手と売り手の思惑が合致するところが、もっとも商品が売れるポイント＝価格となる
需要のほうが大きい＝インフレギャップ
均衡点
供給のほうが大きい＝デフレギャップ
均衡価格
少
多
数量

ル高が進みました。これに対し、**「日本も金利を上げなければ大変なことになる」**という人がいますが、本当でしょうか。

まず、**物価が上昇するのはなぜか、マクロ経済学の基本をおさらいしましょう。**モノやサービスを欲しがる買い手（総需要＝実質GDP）が増えているのに、生産・販売（総供給＝潜在GDP）が不足すると、「実質GDP＞潜在GDP」となって物価が上がります。欲しがる人に対してモノが不足すれば、物価は上昇するということです。

36ページで解説したとおり「実質GDP－潜在GDP」の差が「GDPギャップ」です。

実質GDPのほうが多ければこの計算はプラスで**「インフレギャップ」（好況や景気の過熱を示す）**、逆にマイナスなら**「デフレギャップ」（景気の停滞、不況を示す）**になります。つまり、その国がインフレ傾向にあるかどうかは、このGDPギャップを見ればわかります。

KEYWORD
マクロ経済……政府、企業、家計をひとくくりにして、大きな視点で見た経済社会全体の動き。

物価は経済政策によって上げることができるの？

お答えしましょう！

経済政策によって経済の好循環が起きれば、物価は必然的にインフレ傾向へ向かいます。

■コロナ禍の米国で物価上昇が引き起こされた理由

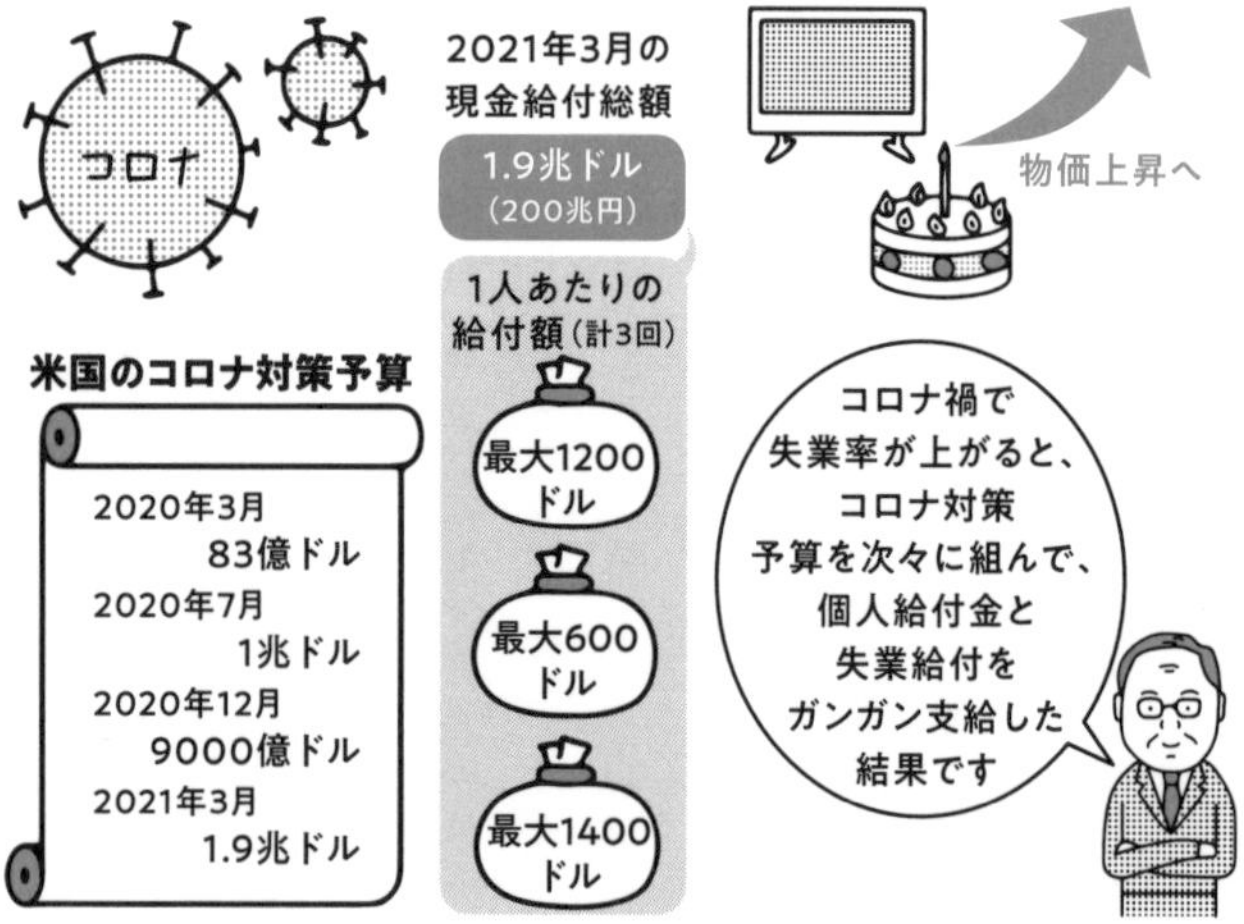
コロナ
2021年3月の
現金給付総額
1.9兆ドル
（200兆円）
1人あたりの
給付額（計3回）
最大1200ドル
最大600ドル
最大1400ドル
物価上昇へ
米国のコロナ対策予算
2020年3月 83億ドル
2020年7月 1兆ドル
2020年12月 9000億ドル
2021年3月 1.9兆ドル
コロナ禍で失業率が上がると、コロナ対策予算を次々に組んで、個人給付金と失業給付をガンガン支給した結果です

POINT
アメリカは大型の経済対策でコロナ禍から回復した

経済政策はインフレの要因となり得る

どのような場合に実質GDPが増えてインフレギャップが生じるのでしょうか。次の3つの要因が考えられます。

①民間の消費が拡大している

②政府による財政出動が行われている

③低金利政策が取られている

「消費＝需要」ですので、1つめの「民間の消費が拡大」は、文字どおり、実質GDP増ということを意味します。

2つめの「政府による財政出

■2020年1月～2021年1月の米国の失業率

2020年に新型コロナ感染症が拡大すると同時に、
米国の失業率は一気に14%に達した

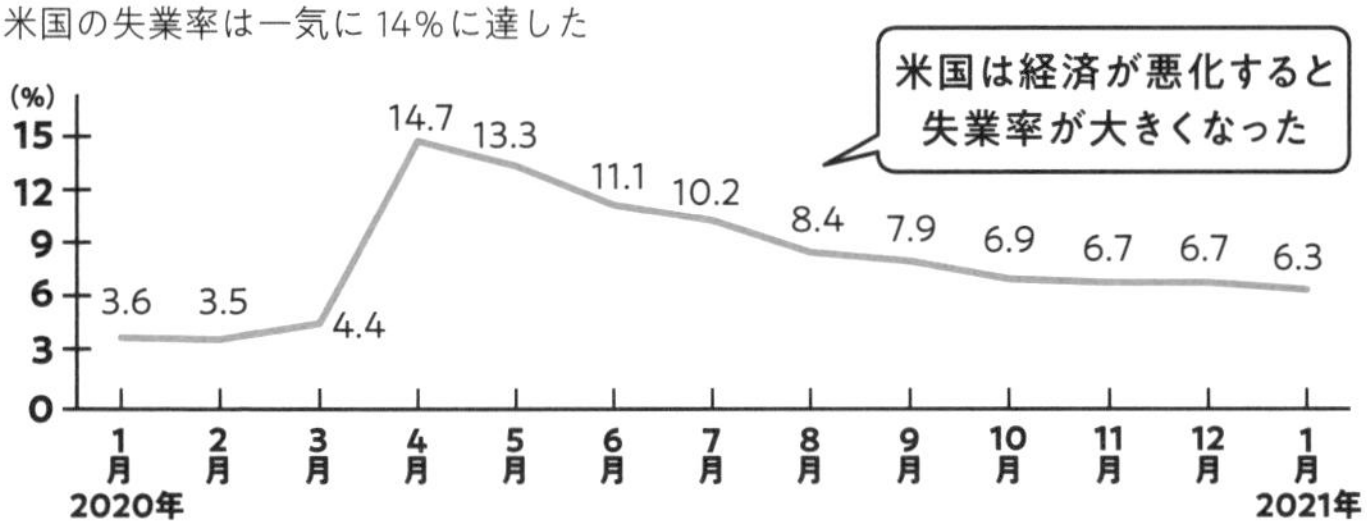

出典：米国労働統計局のニュースリリースの資料をもとに作成

動」とは、政府が費用を負担して公共投資を行い、仕事をつくり出すもの。政府による需要創出であり、これも実質GDPを増やすことになります。

3つめは、政策金利（中央銀行が金融機関に貸し出す際の金利）を低くすることで、金融機関が資金調達しやすくし、企業や個人に低金利で貸し出しできるようにするものです。企業は設備投資などを進めやすくなりますし、個人は住宅や自動車といった高額な買い物がしやすくなり、実質GDPが増加します。

アメリカ政府は2021年3月に、コロナ禍による停滞から経済を回復させるため、200兆円規模の経済対策法案を成立させました。国民1人あたり最大1400ドルの支給や、失業保険の追加給付、子育て世帯への減税などを実施。これにより**個人消費が回復し、アメリカ経済は急伸**。そして、予想されたことですが、**物価の上昇が引き起こされた**のです。

KEYWORD
インフレギャップ……GDPギャップがプラス（総需要が総供給を上回る）の状態。

アメリカの物価は今、どんな状況にある？

POINT

生活必需品の価格は、まだまだ高い状況が続いている

急上昇したものの　やや落ち着きを取り戻す

アメリカでは物価はどのくらい上昇しているのでしょうか。アメリカの消費者物価指数（CPI）を見てみましょう。

2017年以降、前年同月比はプラス2％程度で推移してきました。2020年半ばに、新型コロナウイルス感染症の影響で1％を下回る水準にまで落ち込みましたが、2021年3月に2・6％まで上がりました。それ以降、上昇の勢いが強まり、2022年3月には8％を超え、高水準が続いています。

アメリカの中央銀行にあたる「FRB」は、2％をやや上回るインフレ率を政策目標としていますので、目標を大幅に上回る物価上昇が続いていることになります。

背景にあるのは、コロナ禍で一時的に落ち込んでいた景気の回復とエネルギー価格上昇の2つが重なったためです。

それに加えて、物流費用の高騰、半導体などの部品不足、ロシアによるウクライナ侵攻が引き起こした資源高といった要因が重なり、需要が増加しているのに供給が間に合わず、物価上昇率を高めていったのです。

このような**過熱する物価上昇を抑えるべく、FRBは金利の引き上げを実施**し、2022年7月以降はCPIが低下傾向にあります。

ただし、変動の激しい食料品やエネルギーを除いた**「コアCPI」は依然として6％前後の高水準で推移**していることから、今後インフレが沈静化するかどうか、しばらくは注視する必要があるでしょう。

お答えしましょう!

FRBの政策目標を上回るインフレ率が続いています。当面は大きく下がることはなさそうです。

■アメリカのCPIの推移

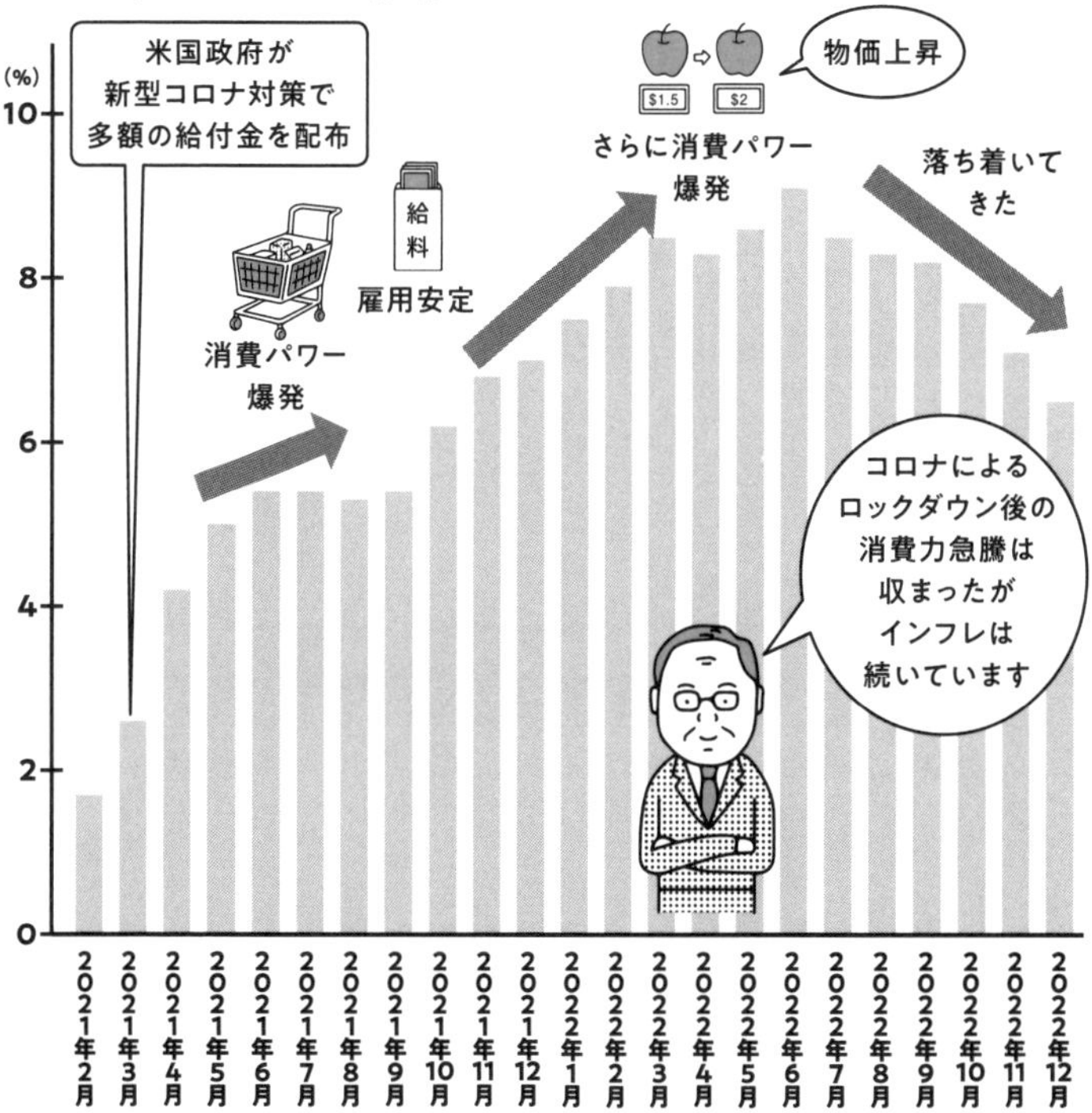

出典：米国労働統計局のニュースリリースの資料をもとに作成

KEYWORD

FRB …… Federal Reserve Board（連邦準備理事会）の略称。米国の金融政策策定にあたる機関で日本でいう日銀。

アメリカは物価高に対してどんな手を打っているの？

お答えしましょう！

増税や利上げで実質GDPを減らすことで、インフレを抑制しています。

■日米の政策金利の推移

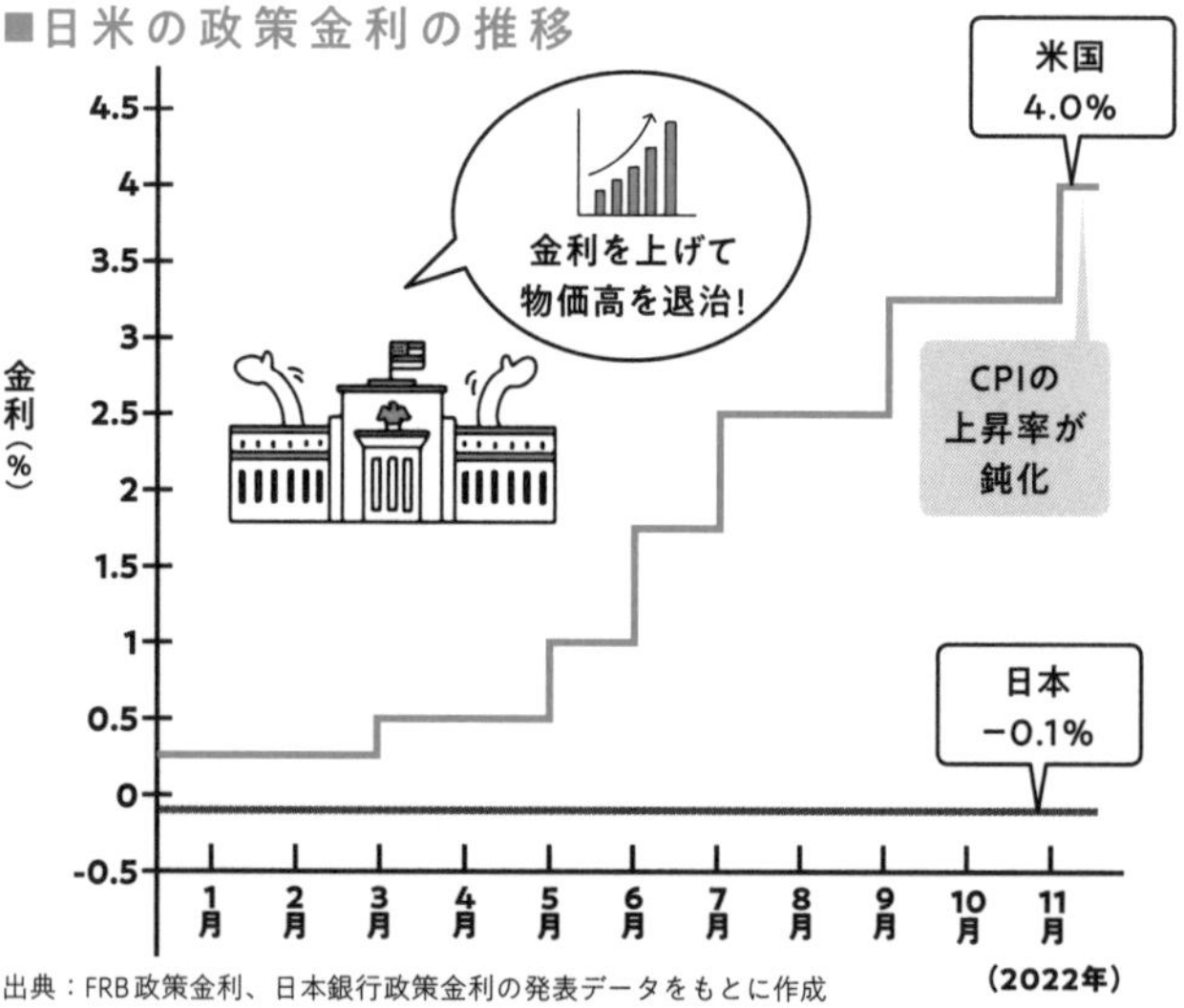

出典：FRB政策金利、日本銀行政策金利の発表データをもとに作成

POINT

FRBは景気後退より、インフレの悪影響を重視

アメリカは政策金利の引き上げを選んだ

アメリカでは2021年から実質GDPが潜在GDPを上回るインフレギャップが続いています。「欲しい」という人が大勢いるのに、モノやサービスが不足している状態です。このようなインフレを抑えるためにできる対策は2つあります。

①財政出動の抑制や増税
②政策金利の引き上げ

1つめは、**公共工事や公共投資を減らすことで政府需要を減らし、実質GDPを減少させよ**

■FRBが進める通貨供給量引き下げと金利の関係

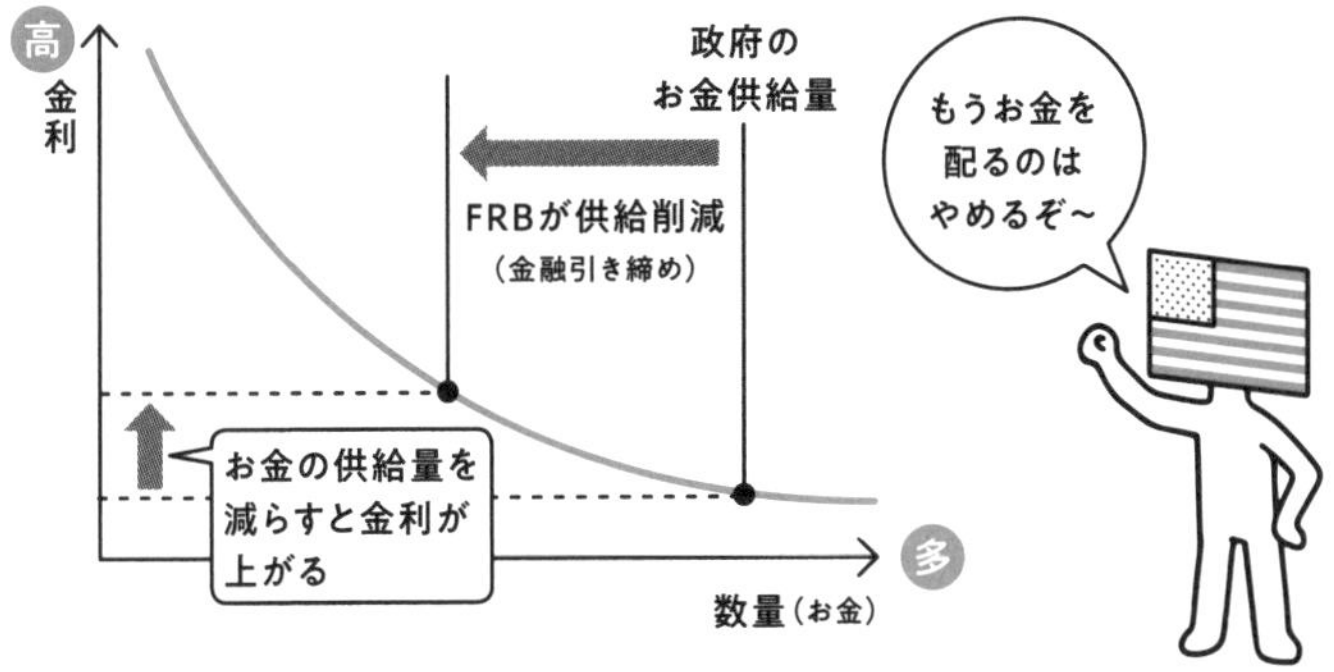

高
金利
政府の
お金供給量
FRBが供給削減
（金融引き締め）
お金の供給量を
減らすと金利が
上がる
多
数量（お金）
もうお金を
配るのは
やめるぞ〜

うとするものです。

また、増税は政策としては不人気ですが、市中にあるお金を減らす効果があります。アメリカで2022年8月に成立した「インフレ抑制法案」には、大企業への増税も含まれています。

2つめは、まさにFRBが進めている対策です。金利が上がれば、企業や個人がお金を借りにくくなり、自由に使えるお金が減ります。それによって**景気の過熱を冷まし、実質GDPを減らそうとするものです**。実質GDPが減れば、需給バランスが改善し、インフレギャップから抜け出せます。金利の引き上げは、景気へのネガティブな影響があり、家計や企業に痛みをもたらします。それでも、**インフレを放置するほうが悪影響が大きいとFRBは考えているのです。**

その施策が功を奏し、2022年の後半には、CPIの上昇率が鈍化し始めています。さらに、もう1つの施策を次のページで見てみます。

KEYWORD
政策金利……景気や物価の安定など金融政策上の目的達成のために、中央銀行が設定する短期金利。

アメリカの金融引き締めは遅かった？

POINT
FRBは「雇用の最大化」という役割も担っている

アメリカの景気指標として雇用は注目度が高い

インフレ抑制のために、アメリカは金融引き締めへと舵を切りました。FRBはまずお金の供給量の引き下げをし、十分に「金融引き締め」のための地ならしをして、次に政策金利の引き上げを行いました。

まず、2022年3月に0・25％の利上げを行いました。しかし、物価上昇は止まりません。11月には6月、7月、9月に続き、通常の3倍となる0・75％もの利上げが行われました。2020年3月から続けてきたゼロ金利政策ですが、政策の転換から10カ月後の2022年12月には4・5％まで引き上げられたのです。

最初に利上げを決めた3月のコアCPIは、前年同月比で6・4％まで上昇していました。そのため、「利上げの判断が遅かったのではないか、その分、インフレが悪化したのではないか」という批判の声もあります。

なぜもっと早く利上げしなかったのか。それは「**ビハインド・ザ・カーブ**」という、**意図的に利上げを遅らせるFRBの目論見**があったからです。

FRBは、**「物価の安定」だけでなく、「雇用の最大化」の責任も担っています**。急な利上げはコロナ禍からの雇用の回復を遅らせるリスクがあります。そのため、雇用環境の改善を見極めるまで、利上げを遅らせていたのです。

また、利上げで景気を冷やす前に、好景気をできるだけ長引かせたいという思惑もあったはずです。

お答えしましょう!

「物価安定」のほかに、「雇用の最大化」を考えたため、わざとワンテンポ遅らせたのです。

■FRBは金融引き締めを2段階で実施した

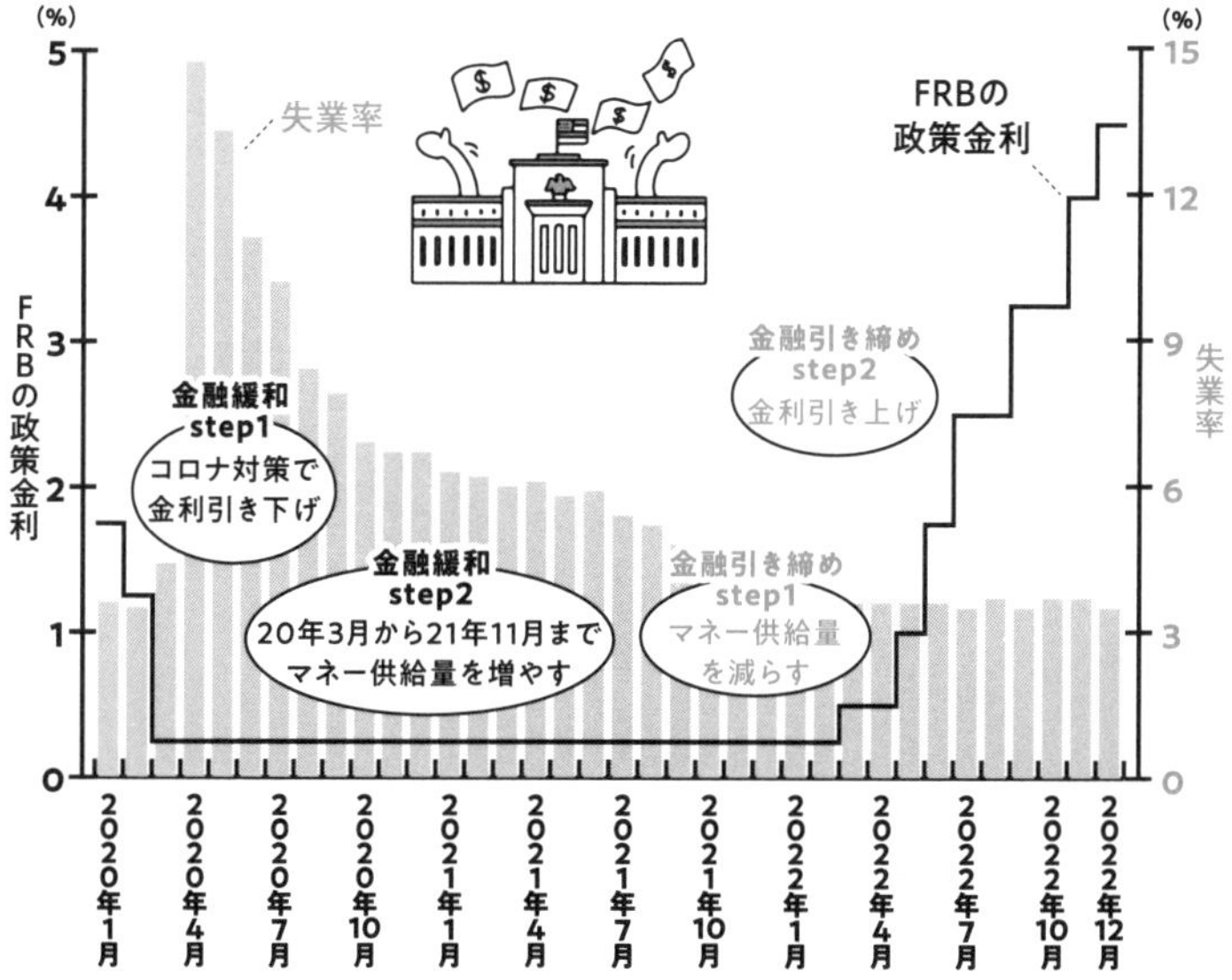

(%)
5
4
3
2
1
0
FRBの政策金利
失業率
FRBの政策金利
(%)
15
12
9
6
3
0
失業率
金融緩和
step1
コロナ対策で
金利引き下げ
金融緩和
step2
20年3月から21年11月まで
マネー供給量を増やす
金融引き締め
step1
マネー供給量
を減らす
金融引き締め
step2
金利引き上げ
2020年1月
2020年4月
2020年7月
2020年10月
2021年1月
2021年4月
2021年7月
2021年10月
2022年1月
2022年4月
2022年7月
2022年10月
2022年12月

出典:FRB政策金利、米雇用統計のデータをもとに作成

FRBは
景気が悪くなると「金融緩和」、
景気が過熱すれば
「金融引き締め」の
施策を取るのです

KEYWORD

ビハインド・ザ・カーブ(Behind the curve)…… 景気や物価の上昇に対して、意図的に利上げを遅らせる金融政策。

日本の物価もかなり上がっていますよね？

日本の物価も上昇中だが欧米には及ばない

一方、日本の物価はどうなっているでしょうか。マスコミは「○○が値上がりした！」とセンセーショナルに報じますが、それはミクロな「相対価格」にすぎません。経済を語るには、マクロな「一般物価」の動きを見る必要があります。

61ページの日本のＣＰＩの数値を見ると、２０２１年までは前年同月比が０％を下回ることもあり、物価上昇はとてもゆるやかです。２０２２年になるとアメリカの物価は急上昇しており、日本でも、年末には前年同月比４％に届きました。

次に、コアＣＰＩからエネルギーをのぞいた「コアコアＣＰＩ」（60ページ参照）を見てみましょう。**物価の実態をより正確に把握するには、総合指数よりもこちらのほうが重要**となります。

左のグラフは、２０２０年～２０２２年の各指数の動きを表したものです。これを見ると、今日本で話題となっている物価上昇は、生鮮食品を除く食料とエネルギーの価格上昇に起因するもので、それらを除いた**コアコアCPIはそれほど上昇していない**ことがわかります。

たしかに２０２２年のコアコアＣＰＩは上昇基調にありましたが、それでも２０２２年12月のコアコアＣＰＩは２・１％プラス。アメリカで起こっているインフレの過熱状態とは雲泥の差があり、**依然インフレと呼ぶには程遠い状態**です。

こうしたデータをふまえると、**日本がまだ利上げする状況でないことはあきらか**です。

POINT

日本のコアコアCPIはいまだデフレギャップに苦しむ

お答えしましょう!

たしかに物価は上昇していますが、金融緩和政策を変更して利上げをする状況ではありません。

■2020年〜2022年の各指数の動き
（2020年＝100として指数化）

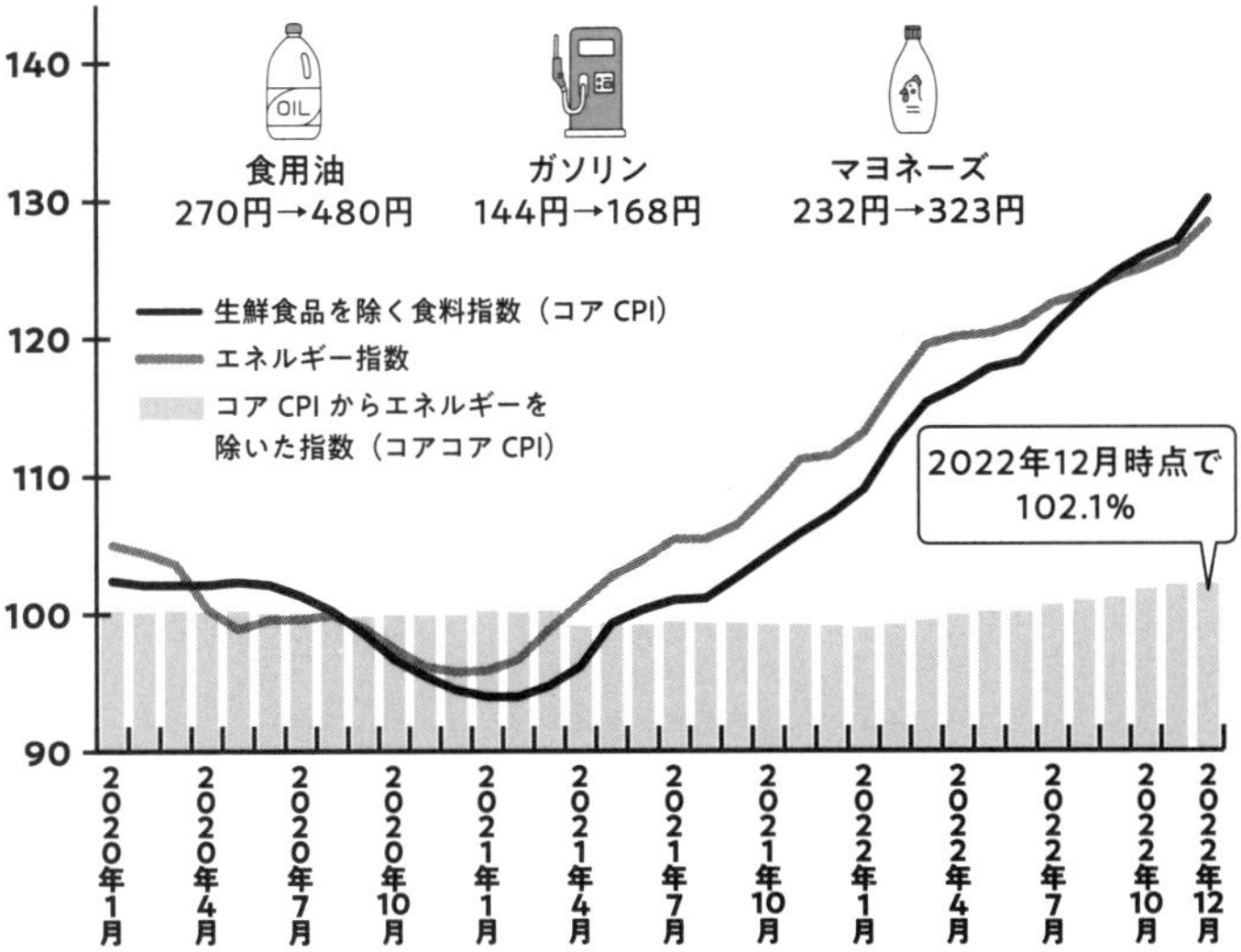

140
130
120
110
100
90
OIL
食用油
270円→480円
ガソリン
144円→168円
マヨネーズ
232円→323円
生鮮食品を除く食料指数（コア CPI）
エネルギー指数
コア CPI からエネルギーを除いた指数（コアコア CPI）
2022年12月時点で 102.1%
2020年1月
2020年4月
2020年7月
2020年10月
2021年1月
2021年4月
2021年7月
2021年10月
2022年1月
2022年4月
2022年7月
2022年10月
2022年12月

出典：総務省統計局「消費者物価指数（CPI）」より作成
食用油、マヨネーズ：総務省統計局の小売物価調査データ、ガソリン：資源エネルギー庁の給油所小売価格調査より、2021年3月と2022年12月の全国平均価格を比較

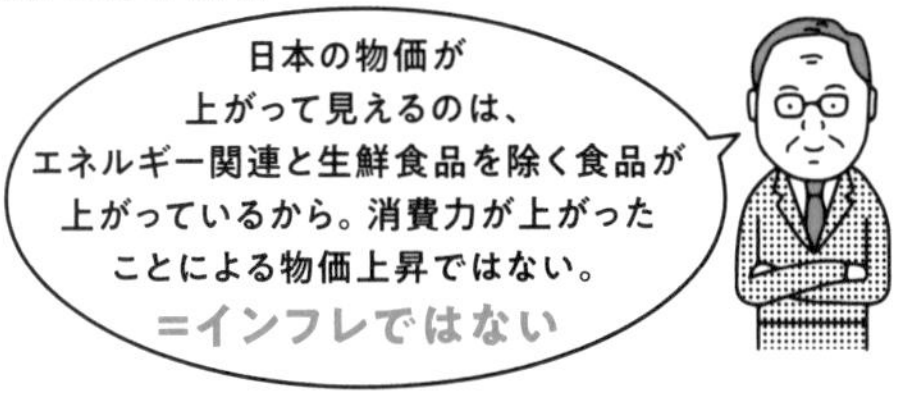

日本の物価が上がって見えるのは、エネルギー関連と生鮮食品を除く食品が上がっているから。消費力が上がったことによる物価上昇ではない。
＝インフレではない

KEYWORD

利上げ……インフレを抑えるために政策金利を引き上げる施策のこと（＝金融引き締め）。

日本でも物価が上がっているのだから金融引き締めを行うべき？

お答えしましょう！

まだまだデフレギャップに悩む日本経済にとっては、金融緩和を続けることが正解です。

■日本と米国は何が違う？

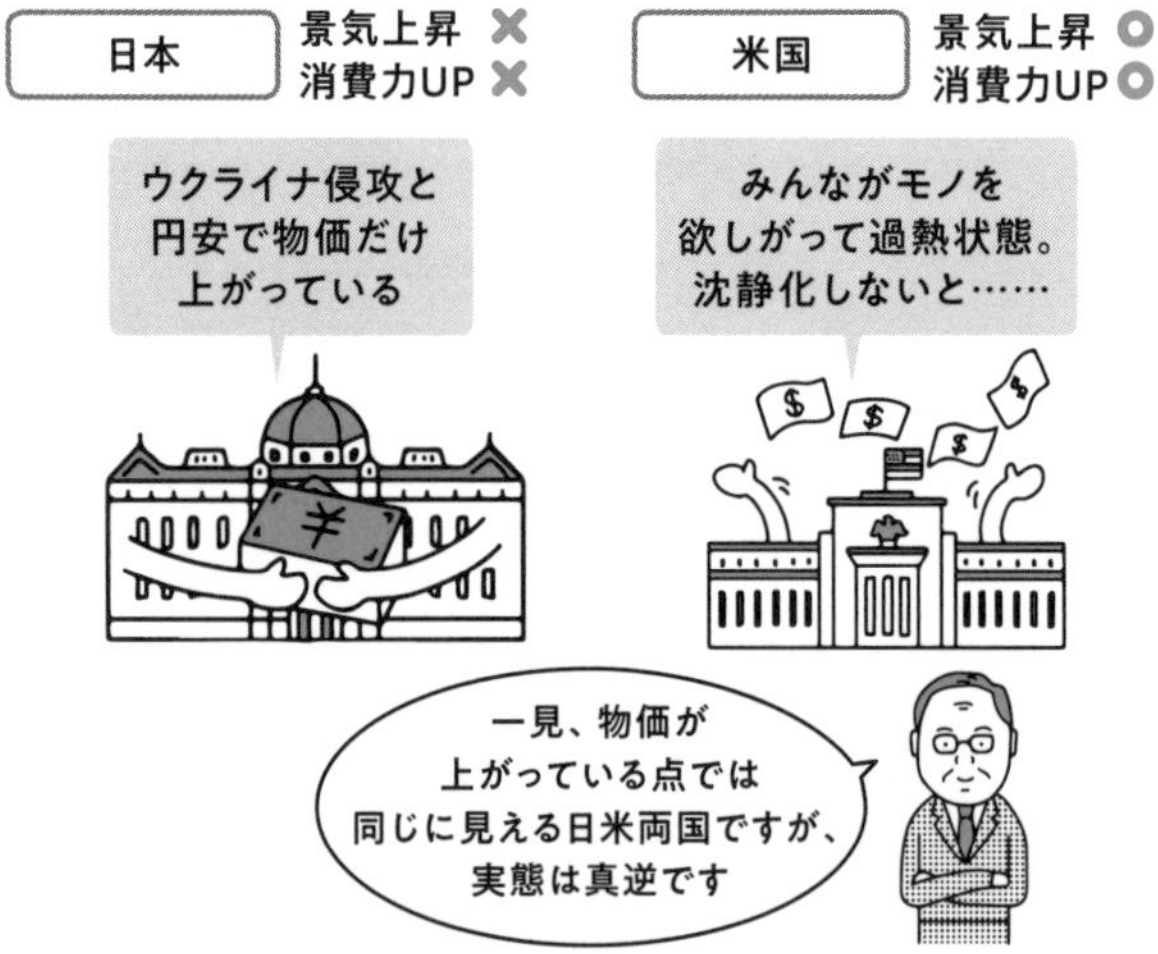
日本
景気上昇 ×
消費力UP ×
米国
景気上昇 ○
消費力UP ○
ウクライナ侵攻と円安で物価だけ上がっている
みんながモノを欲しがって過熱状態。沈静化しないと……
¥
$
一見、物価が上がっている点では同じに見える日米両国ですが、実態は真逆です

再びデフレ時代に逆戻りしてしまうことに

物価高を抑えるために「**日本も利上げすべき**」という声もあります。しかし、**私の答えは「ノー」**です。

前ページでも紹介していますが、日本のコアコアCPIは、CPIと比べるといまだに低水準です。依然として「実質GDP＜潜在GDP」のデフレギャップが発生しています。アメリカは「実質GDP＞潜在GDP」のインフレギャップですので、状況は異なります。

POINT

住宅ローン金利の上昇など、個人への影響も大きい

■もしも今、金利を上げるとどうなる？

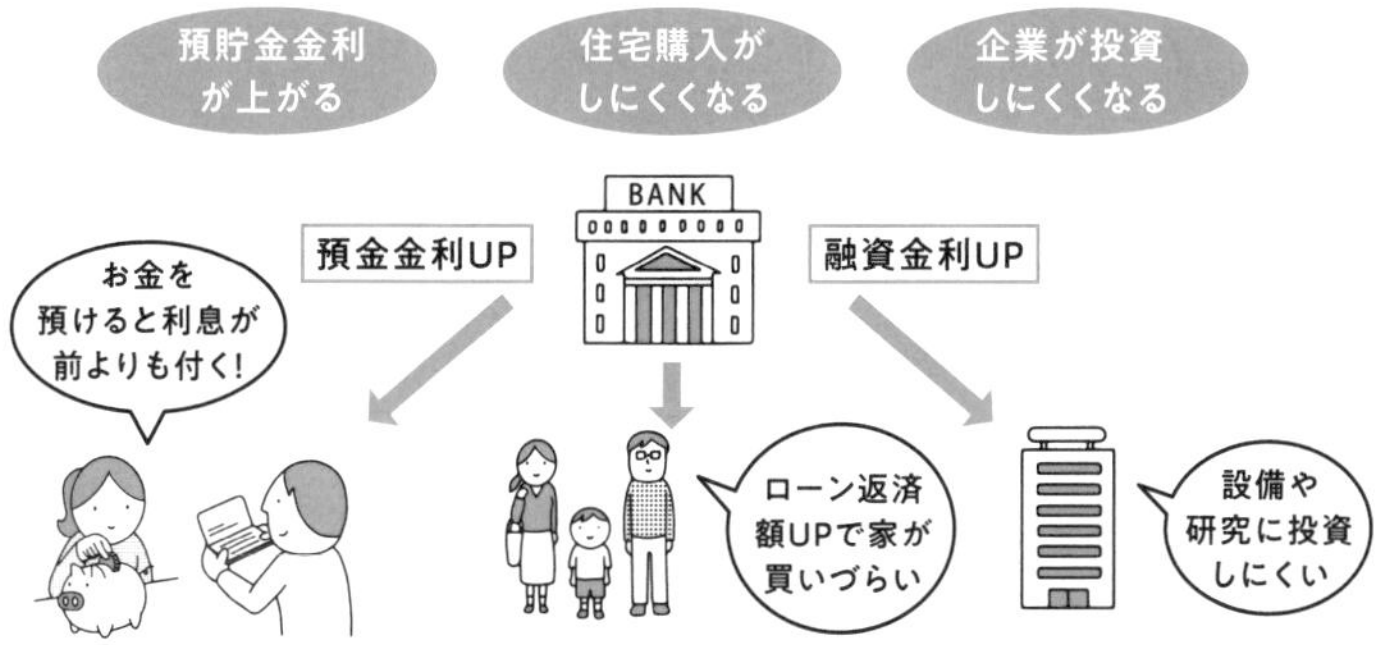
預貯金金利
が上がる
住宅購入が
しにくくなる
企業が投資
しにくくなる
BANK
預金金利UP
融資金利UP
お金を
預けると利息が
前よりも付く！
ローン返済
額UPで家が
買いづらい
設備や
研究に投資
しにくい

ですから、**日本は金融緩和を継続し、需要喚起を続けるのが正しい選択**です。「アメリカにならって金利を上げろ」と主張するのは大間違いです。

もし今の日本で金利を上げると、どんなことが起きるでしょうか。金利が上がれば借入金の金利負担が増えます。企業にとっては収益押し下げの要因となり、株価にマイナスの影響が出ます。また、資金調達コストが上がり、設備投資や昇給を見送る企業も出てくるでしょう。

個人にとっては住宅ローンや自動車ローンなどの返済負担が増えるので、買い控えが生じ、需要が縮小します。預貯金がある人は利息が増えますが、高齢者に偏っているため、まんべんなく恩恵を受けられるわけではありません。

こんな状況にも関わらず、実は2022年12月に、日銀は実質的な利上げとなる施策を実施しました。これについては、次ページで解説します。

KEYWORD

資金調達……経営に必要な資金を外部から調達すること。

日銀が金利を上げ始めたって本当ですか？

お答えしましょう!

日銀が決める基準金利は今のところ変化はなし。ただし、新総裁就任以降は未知数です。

■日銀の金利政策はどう変わったのか？

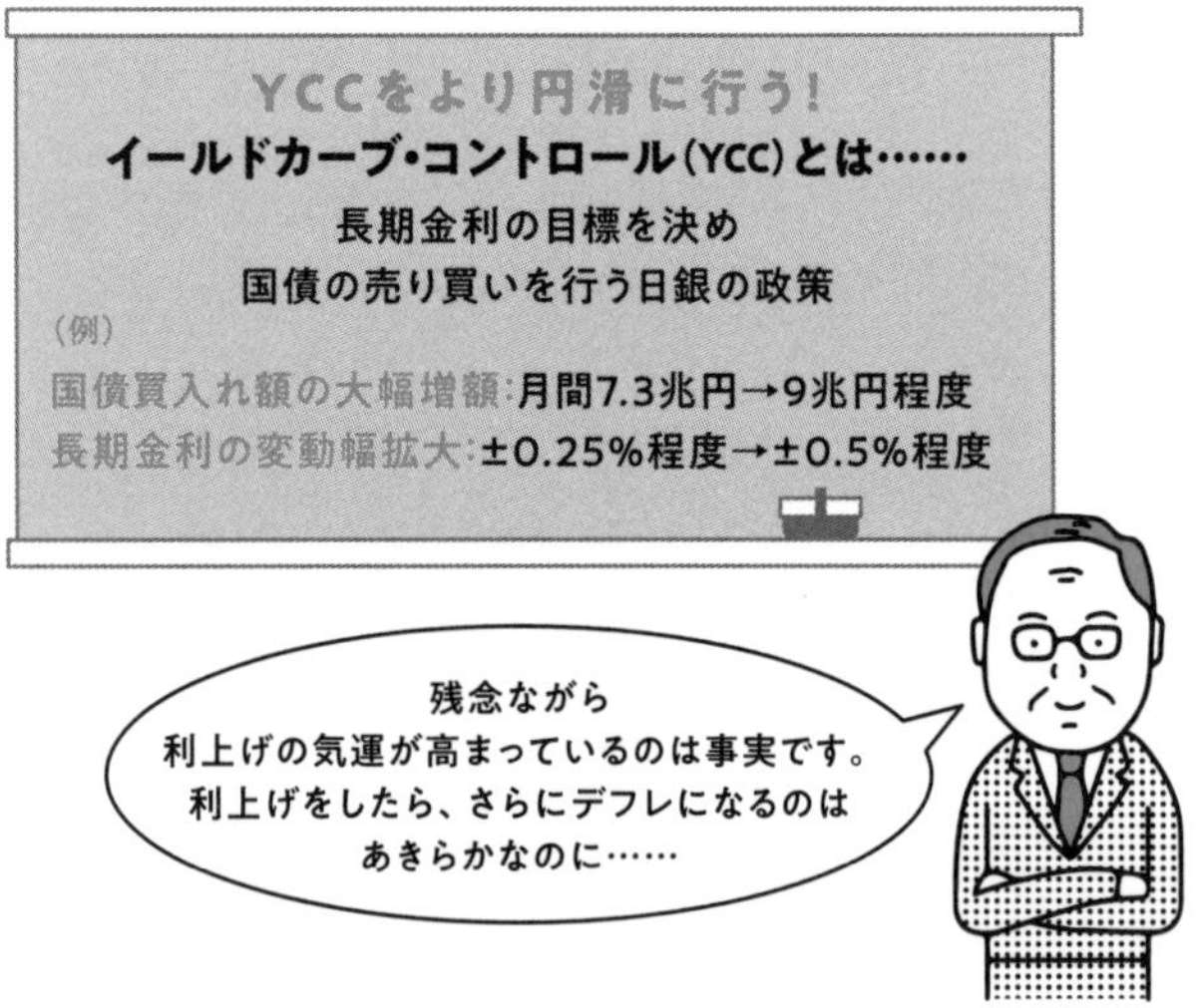
YCCをより円滑に行う!
イールドカーブ・コントロール（YCC）とは……
長期金利の目標を決め
国債の売り買いを行う日銀の政策
（例）
国債買入れ額の大幅増額:月間7.3兆円→9兆円程度
長期金利の変動幅拡大:±0.25%程度→±0.5%程度
残念ながら
利上げの気運が高まっているのは事実です。
利上げをしたら、さらにデフレになるのは
あきらかなのに……

POINT

日銀の金利政策に変化が生じ始めているのは事実

日銀が利上げ姿勢に転換し始めている

ここまで日本経済は、完全にデフレを脱却できていない、ということをお話ししてきました。それは、金融政策を司る日銀も見解は同じだったはずです。ところが、それを覆す決定が2022年12月20日になされました。

日銀がコントロールしてきた長期金利の変動幅を従来の「±0・25%程度」から「±0・5%程度」に拡大する、という発表がされました。一方で、日銀が目標金利として掲げている短期金利

■日銀の施策で住宅ローンはどうなった？

短期金利に連動する変動金利が中心である
住宅ローンや企業向け貸出の金利に大きな影響なし
➡固定金利や固定金利選択型の金利は上昇

フラット35 1月金利 上昇
（融資額90%以下、融資期間20年以下）：
1.52%（12月：1.49%）
（融資額90%以下、融資期間21年以上）：
1.68%（12月：1.65%）

民間銀行10年固定 1月金利 上昇
三菱UFJ：1.05%（12月：0.87%）
三井住友：1.14%（12月：0.88%）
みずほ：1.40%（12月：1.10%）

変動型
各銀行とも
変更なし

※各社の公式サイトの情報をもとに作成（2023年1月現在）

マイナス0・1%、長期金利0%に変更はありませんでした。

これは、**長短金利操作＝イールドカーブ・コントロール（YCC）をより円滑に行うため**と説明されています。YCCとは、長期金利の目標を決め、それを達成するために、国債の売り買いを行うことです。あくまで、長期金利をコントロールすることが狙いのため短期金利と連動する変動型の住宅ローンへの影響はありませんでした。

もしも、YCCのコントロールを円滑にするという目的であれば、「国債買入れ額の大幅増額」などで十分、目的は達成できるはず。これに変動幅の拡大も加えてきたのは、**日銀の「金利」に対する姿勢に変化があった**からといえます。

これを受けて株価は大幅下落、為替は一気に円高になり、住宅ローン固定型金利も上がりました。**23年の日銀の姿勢は「利上げ方向」になることがはっきりした**といえるでしょう。

KEYWORD

YCC……10年物国債の金利が0%程度で推移するよう管理すること。

マクロ経済学 65ページ
一国・地域全体の経済活動のこと。政府、企業、家計を総体として捉える経済の見方。経済成長率や消費者物価指数などの経済指標を用いて、経済を数値的に捉えて分析・予測する。

財政出動 66ページ
不況期に景気を底上げするために行う施策。税金や国債などの資金を公共事業に投資することで、公的需要を増加させ、GDPや民間消費などの増加を図る。減税という方法もある。

設備投資 67ページ
企業が売上拡大や生産性向上などを図るために、設備に対して行う投資のこと。対象となるのは、土地や建物、機械設備などの有形固定資産、ソフトウエア、商標権などの無形固定資産の2種類がある。

FRB（エフアールビー） 68ページ
Federal Reserve Board（フェデラル・リザーブ・ボード）の略。連邦準備理事会。米国の中央銀行制度の最高意思決定機関。FRBは米国の金融政策を決定するために「FOMC（連邦公開市場委員会）」を年8回開催する。

エネルギー価格 68ページ
2021年以降、ウクライナ侵攻や新型コロナ感染症収束に伴う経済復興などによって、天然ガス・石油・石炭などの化石燃料のエネルギー価格が世界的に高騰している。

政策金利 70ページ
景気や物価の安定などを目的に、中央銀行（日本では日本銀行）が設定する短期金利（誘導目標金利）。日本では、2016年1月以降マイナス金利政策を継続中。

ビハインド・ザ・カーブ 72ページ
景気や物価の上昇に対して政策金利の引き上げのタイミングを遅らせる施策。米国のFRBは好景気の時期をできるだけ長くすることを狙い、戦略的にこの施策を行う傾向があるとされている。

利上げ 74ページ
インフレを抑えるために中央銀行が実施する政策金利を引き上げる施策（＝金融引き締め）。一方で、利下げは政策金利を引き下げる施策（＝金融緩和）。

資金調達 77ページ
開業、設備投資、新規事業の立ち上げ、企業の買収など、会社を経営していくための運転資金をおもに外部から調達すること。

日銀総裁 78ページ
日本銀行の最高責任者で、金融政策の運営方針を決める金融政策決定会合の議長を務める。2013年3月20日から、黒田東彦氏が第31代日銀総裁に就任し、2023年4月8日に任期満了となる。第32代総裁には、経済学者の植田和男氏が就任予定。

長短金利操作 79ページ
日銀の金融緩和策で、イールドカーブ・コントロールを円滑に行うこと。長期金利操作ともいう。マイナス金利政策の副作用を和らげながら、金利を全般的に低い水準に保ち、経済や物価の底上げを促す狙いがある。

第4章

「円安」は日本にとってプラスって本当ですか？

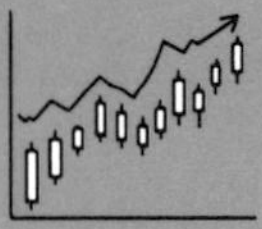

2022年は30年ぶりに1米ドル＝150円に達する円安となりました。マスコミでは、食料品や光熱費の値上がりを報じ、家計負担の大きさを騒ぎ立てています。しかし、本当に円安は日本にとって悪いことなのでしょうか？　そんな思い込みを覆す事実をお伝えします。

そもそも、円高・円安ってなんですか？

POINT
世界の通貨と円の通貨の関係を示すのが「円高・円安」

円高・円安は「円の価値」で決まる

2022年は円安が急激に進行しましたね。それに対して、「円安で家計の負担は増大する一方で、企業にとっても大打撃だ」と主張する人を多く見かけます。もちろん、一理ありますが、100%うのみにしてはいけません。

身の回りのモノ・サービスが値上がりしているニュースを見れば、そういった意見も正しく感じられるかもしれませんが、率直にいって、それはイメージに引っ張られているだけです。詳しくはこれからお話ししていきますが、経済学の知見に基づいて考えることで、**円安はむしろ日本経済に恩恵をもたらすものなのだ**、ということが見えてきます。

そこで為替相場と日本経済との関係を考えていくにあたり、まずは「円高」「円安」という言葉の意味を再確認しておきましょう。そもそも、世界には米ドル、ユーロ、元などさまざまな通貨があり、それぞれの通貨ごとに、「その通貨に対して円がどの程度の価値を持っているのか」、つまり、たとえば「1ユーロを手に入れるためには何円支払えばよいのか」といった為替レートが存在しています。

中でも**日本経済を評価するうえで重要なのは世界の基軸通貨である米ドルとの関係**。そこで以前よりも円の価値が高くなり、少ない円で1ドルを手に入れられるようになった状態を「**円高**」、反対に以前よりも円の価値が下がり、1ドルを手に入れるために多くの円が必要になった状態を「**円安**」と呼ぶのです。

お答えしましょう!

外国の通貨（米ドルなど）の価値に比べて円の価値が高くなることを円高、低くなることを円安と呼びます。

■ドル円レート（ドル／円）の推移

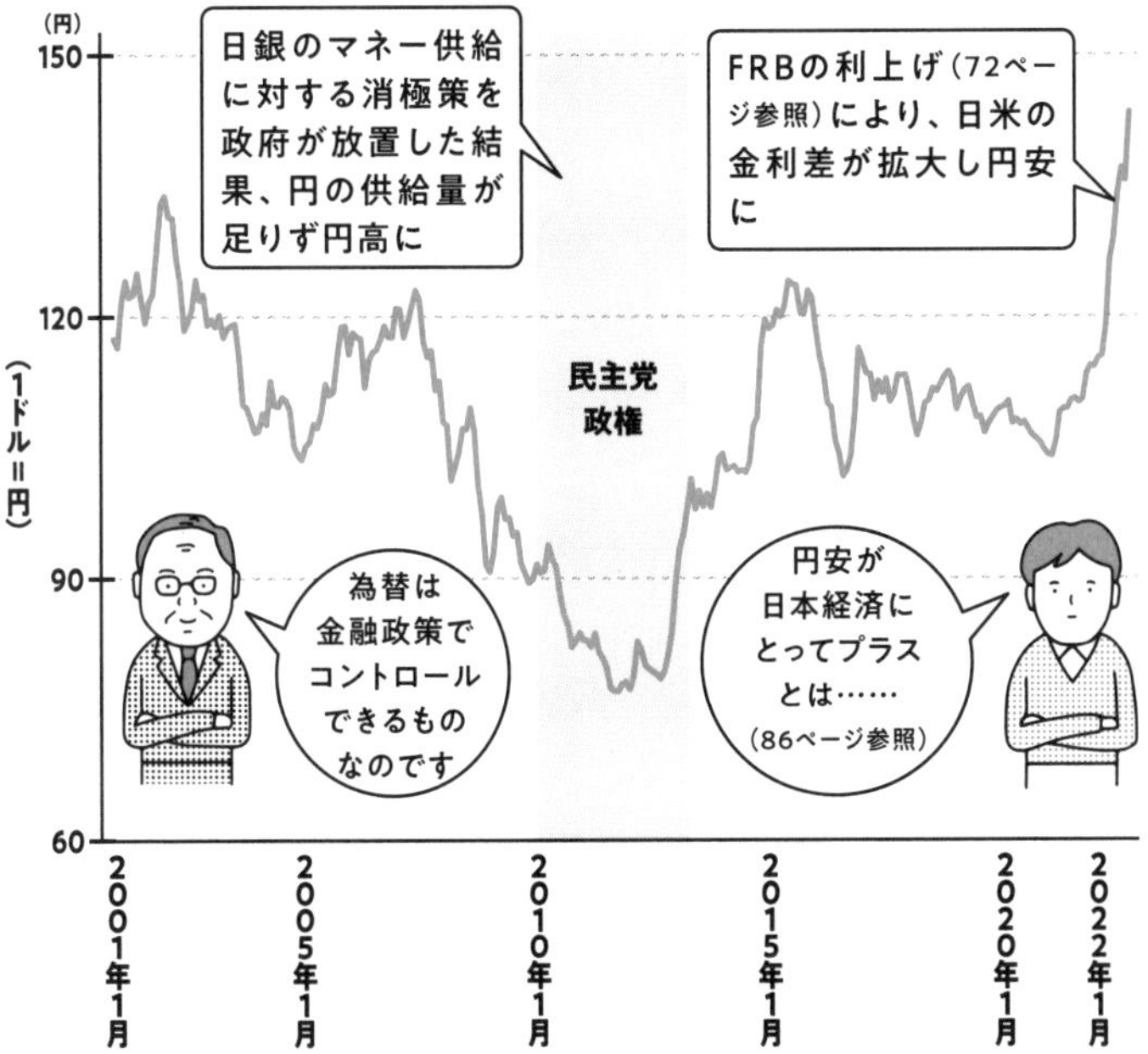

(円)
150
120
90
60
（1ドル=円）
日銀のマネー供給に対する消極策を政府が放置した結果、円の供給量が足りず円高に
FRBの利上げ（72ページ参照）により、日米の金利差が拡大し円安に
民主党政権
為替は金融政策でコントロールできるものなのです
円安が日本経済にとってプラスとは……（86ページ参照）
2001年1月
2005年1月
2010年1月
2015年1月
2020年1月
2022年1月

出典：日本銀行時系列統計データ検索サイト「外国為替相場状況（月次）インターバンク相場」のデータをもとに作成

KEYWORD

為替レート …… 為替相場とも呼ばれ、異なる国の通貨に交換する際の交換比率（レート）を指す。

円安は日本経済にとってプラスですか？　マイナスですか？

POINT
輸入主体の企業にとってはマイナスだが…

輸出主体の企業にとって今は「追い風」！

　さて、あらためて世の不安を煽っているメディアの報道を見てみると、やれ「円安の影響で発売以来40年以上10円だった駄菓子が値上がりした」だの「海外から輸入する材料の費用が高騰して企業は疲弊している」だの、円安が悪者であるかのような話ばかりです。

　しかしこうした報道は、日本の経済現象の全体から一部分だけを切り取って不安を煽っているにすぎません。物価に関していえば、60ページでご紹介したとおり、**物価全体の基調となるコアコアCPIはまだまだ上昇していません**。個々の商品の値段をあれこれ論評することに意味はないのです。

　では、企業の疲弊についてはどうでしょうか。たしかに円安の状況＝円の価値が低い状況では、海外から材料や製品を輸入する際には今までよりも多くの円を支払うことが必要になります。そのため、輸入割合が高い企業がコストの高騰で苦しむのは事実でしょう。しかし、それは裏を返せば、**輸出主体の企業はむしろこれまでよりも安い原価で海外に製品を売ることができるようになる**ともいえます。つまり、**円安は輸出主体の企業にとっては競争力を上げるプラス材料になる**わけです。

　このように、個々の企業の事情にフォーカスするミクロな視点から見れば、とりあげる企業次第で円安はプラスにもマイナスにも評価できてしまいます。メディアはなぜか**輸入主体の企業だけに着目しているため、円安が悪者に見える**のです。

お答えしましょう！

輸入主体の企業はマイナスの影響を受けますが、輸出主体の企業はプラスの影響を受けます。

■円安の影響がプラスな例

'22年4~9月期の為替影響	
トヨタ自動車	8564億円
任天堂	1034億円
日本郵船	844億円
住友化学	762億円
村田製作所	761億円

輸出が主体の企業は、競争力を高めるチャンス

※各社の決算予想データをもとに作成

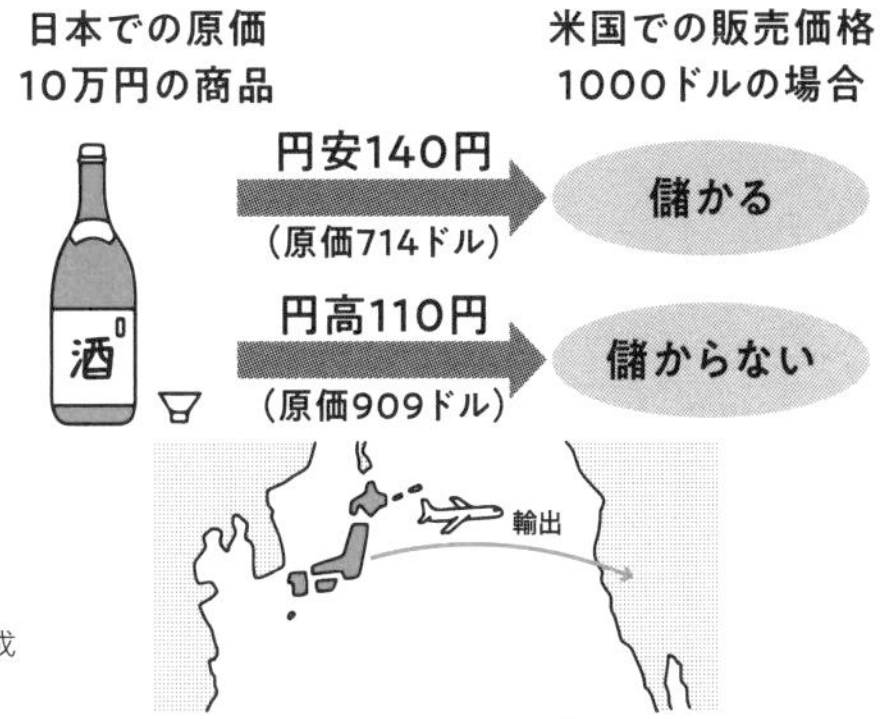

日本での原価
10万円の商品
米国での販売価格
1000ドルの場合
円安140円
(原価714ドル)
儲かる
円高110円
(原価909ドル)
儲からない
酒
輸出

■円安の影響がマイナスな例

'22年4~9月期の為替影響	
JFE HD	▲500億円
東京ガス	▲406億円
エーザイ	▲91億円
日本製紙	▲74億円

輸入が主体の企業は、コストの高騰で正念場

※各社の決算予想データをもとに作成

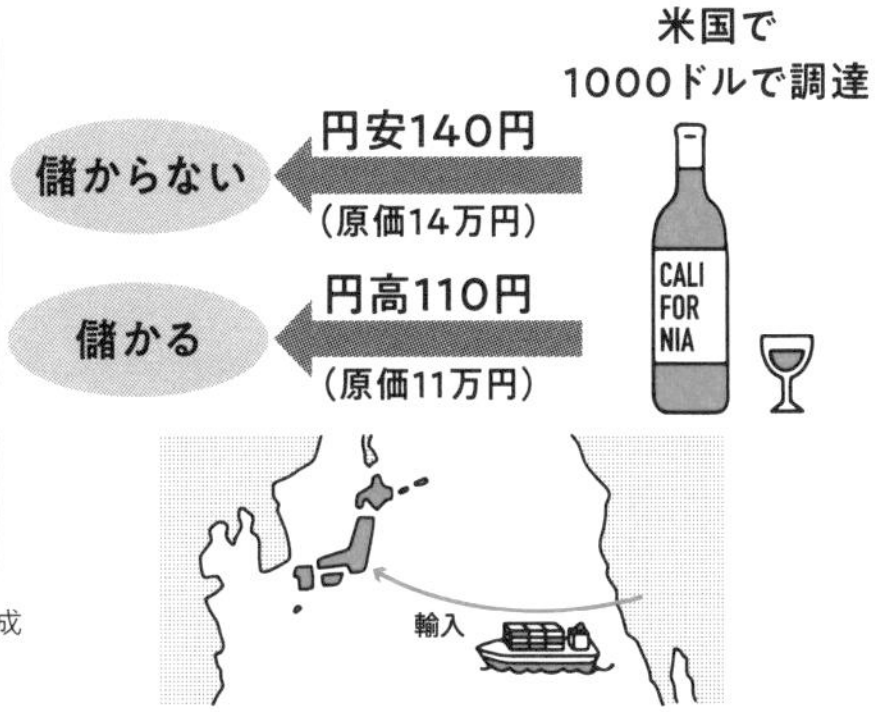

米国で
1000ドルで調達
円安140円
(原価14万円)
儲からない
円高110円
(原価11万円)
儲かる
CALI
FOR
NIA
輸入

KEYWORD

輸入商品 …… 日本の主な輸入商品は、原油、LNG（液化天然ガス）などの燃料、医薬品、半導体電子部品などがある。

日本経済全体で見れば円安のほうがプラスなのは本当ですか?

お答えしましょう!

「円安」はプラスの方向に働くのが、法人企業統計からもあきらかです。

■日本企業全体の経常利益
（年度、金融業・保険業を除く、原数値）

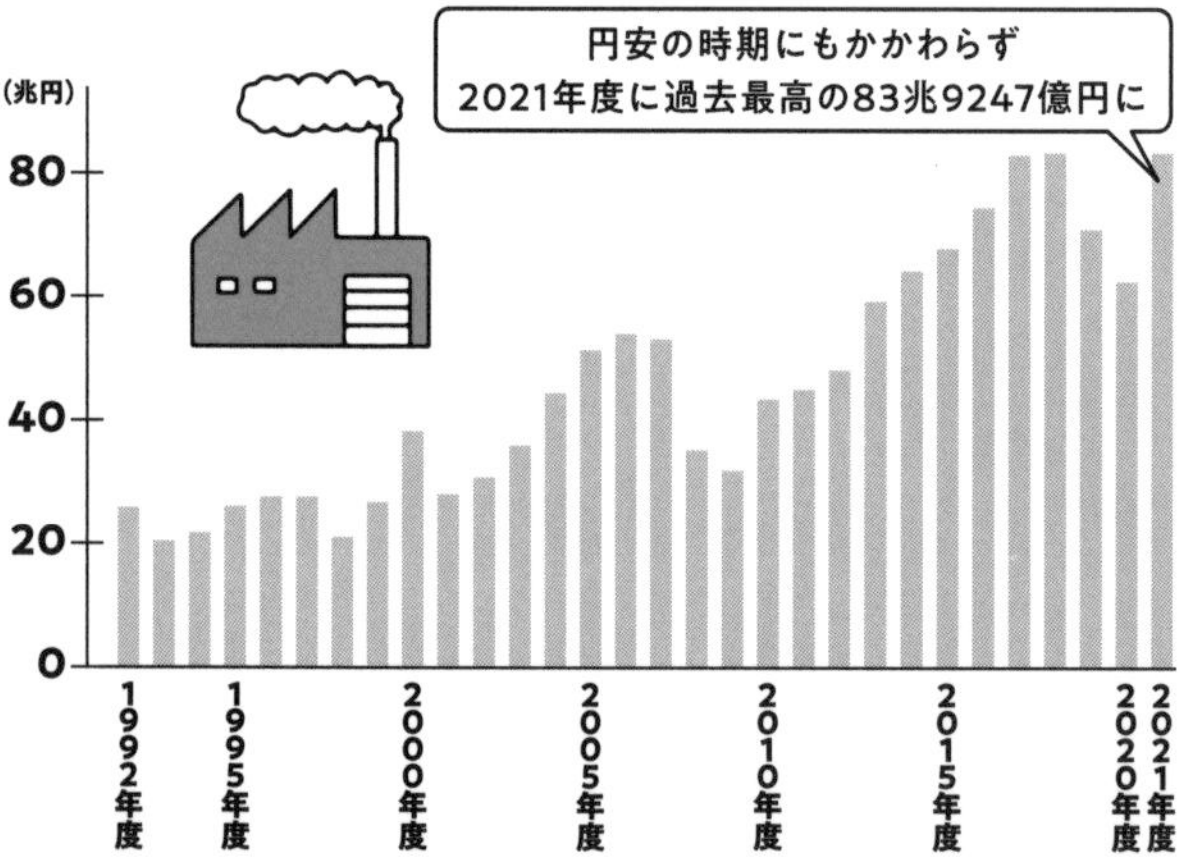

出典：財務省財務総合政策研究所「法人企業統計調査」をもとに作成

POINT
円安は日本経済全体から見ればアクセル!

法人企業統計調査では最高益を記録している

前ページで、円安がプラスかマイナスかは個々の企業のスタイル（輸出主体・輸入主体）次第だということをお話ししました。

ただし、個々の企業のミクロな事情ばかり見ていると、どっちもどっちに見えてしまいますが、**日本経済「全体」にとってどうか、というマクロな視点から見れば、円安は追い風になるというのが私の考え**です。

上図は、日本企業全体の経常利益の推移ですが、最新の20

■ 2023年3月期の純利益予想を上方修正した企業例

純利益予想を上方修正した主な企業		
社名	修正額	2023年3月期 純利益予想
伊藤忠商事	1000億円	8000億円
信越化学工業	920億円	6800億円
豊田通商	600億円	2700億円
オリエンタルランド	206億円	559億円
武田薬品工業	150億円	3070億円

※各社の決算予想をもとに作成（2022年10月30日現在）

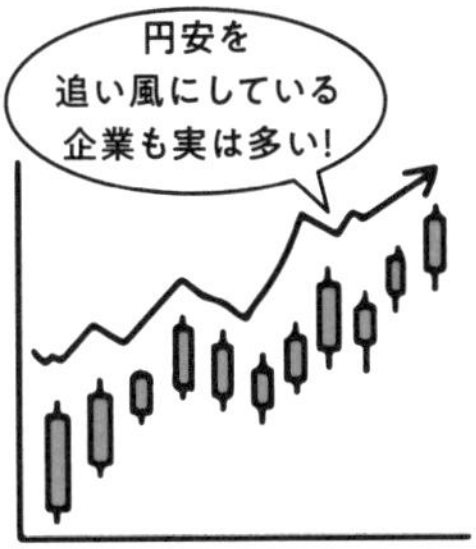
円安を
追い風にしている
企業も実は多い！

21年度の数値を見ると、円安が進行しはじめた時期であるにもかかわらず、数値はむしろ過去最高の83兆9247億円となっています。

また、四半期ごとのデータから円安が加速した直近の2022年4〜6月期の数値を見ると、こちらも28兆3181億円と過去最高値を記録。メディアの報道から受ける印象とは正反対の事実です。

では、なぜメディアでは企業の悲鳴ばかりが報道されているのに、日本企業全体の収益は好調なのでしょう。それは、**輸出主体の企業にこそ、日本経済を牽引する「エクセレントカンパニー（超優良企業）」が多数含まれているから**です。

つまり、輸出主体の企業たちの好成績が輸入主体の企業たちの苦戦を上回り、全体の収益を底上げした形になっているわけです。その意味で、円安は日本経済全体を前進させる「アクセル」なのです。

KEYWORD
法人企業統計調査……日本の営利法人等の企業活動の実態を把握することを目的とした財務省の調査。

円安になると、私たちにもメリットはあるのでしょうか?

お答えしましょう!

企業の業績は上昇し、国の税収も増え、給与もアップします。円安はいいことづくめ!

■ 通貨安が自国・他国の実質GDPに与える影響（3年以内）

10%の円安で日本の実質GDPは3年以内に0.4~1.2%増加する

自国通貨安が自国の実質GDP増加・他国の実質GDP減少をもたらす傾向に

	実質GDP				
	日本	アメリカ	ユーロ圏	非OECD諸国	中国
円10%安	+0.4~1.2%	-0.2~0%	-0.2~0.1%	-0.1~0%	-0.2~0.1%
ドル10%安	-0.3~0%	+0.5~1.1%	-0.6~0.2%	-0.1~0%	-0.6~0.3%
ユーロ10%安	-0.2~0%	-0.2~0.1%	+0.7~1.7%	+0.1~0.3%	-0.2~0.1%

出典：OECD「The OECD's New Global Model」の資料をもとに作成

円安で苦しむ中小企業も増えた税収で支援できる

「円安によって輸出主体のエクセレントカンパニーが業績を伸ばす」→「その結果日本の企業全体の収益が底上げされる」と話すと、決まって「恩恵を受けているのは一部の資本家だけだ」と反射的に批判してくる人が出てきます。

しかしOECDの調査（上図）では、**一般に自国通貨安はその国の実質GDPを押し上げる要因になることがあきらか**です。第1章でお話ししたオーク

POINT

国のGDPを押し上げ、税収が増えることも見込める

■ ドル円レートと一般会計税収の推移

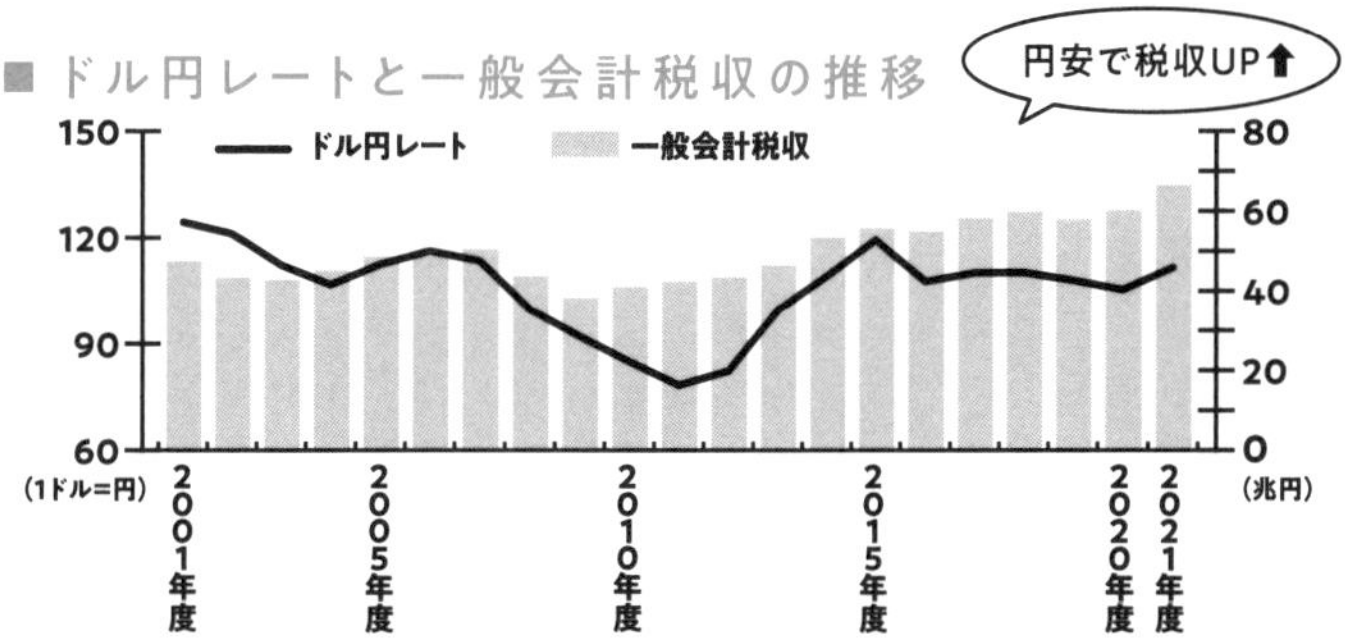

円安で税収UP
ドル円レート
一般会計税収
150
120
90
60
(1ドル=円)
80
60
40
20
0
(兆円)
2001年度
2005年度
2010年度
2015年度
2020年度
2021年度

出典：ドル円レート／日本銀行時系列統計データ検索サイト「外国為替相場状況（月次）インターバンク市場」、一般会計税収／財務省税収に関する資料「昭和54年度（1979年）以降の税収の推移」をもとに作成

ンの法則に従えば、実質GDPの増加は失業率の抑制をもたらすわけですから、円安は企業だけでなく労働者側にとってもプラスの現象だといえます。

また**円安には、国の税収を増加させるという効果もあります**。実際にデータを確認してみると、上図のとおり、国の税収の総額を表す一般会計税収は円安局面で増加する傾向にあります。とくに2021年度はコロナ禍の影響を受けている時期であったにもかかわらず、過去最高額となる67兆3379億円を記録しています。

このように**円安によって、税収が増加するメカニズムには、企業全体の業績の上昇が関わっています**。円安によって企業収益が増加すると、まずは当然、法人税収が増えます。しかしそれだけではなく、企業収益の増加に伴って給与所得も伸びるため、結果として法人税収に加えて所得税収も増え、税収全体が底上げされることになるわけです。

KEYWORD

一般会計税収……21年度の国の一般会計の税収は67兆3379億円。法人税は13兆6428億円。

なぜ為替レートは、上がったり下がったりするのですか?

POINT
中央銀行の金融政策によって為替レートは変動する

円の供給量を増やせば円安に誘導できる

さて、円安の重要性を確認できたところで、次に、日本が円安を維持するためには何をすべきかを考えていきます。

そのためには、まず為替レートを左右する要因がなんであるのかを理解する必要があります。この問題については専門家の間でもさまざまな意見が出ていますが、私は、ドル円レートを左右する根本的な要因は、**アメリカ・日本それぞれの「マネタリーベース」間の比率**だと考えています。**マネタリーベースとは、簡単にいえば、国の中央銀行(日本の場合は日銀)が世の中に供給している通貨の量のこと**です。つまり、世の中に存在する米ドルの総額と円の総額との比率がドル円レートを左右する、というのが私の考えなのです。

具体的には、アメリカのマネタリーベース(通貨量)に対して日本のマネタリーベースが少なくなると円高になり、反対にアメリカのマネタリーベースに対して日本のマネタリーベースが多くなると円安になる、という関係が成立します。

マネタリーベースという用語のせいで一見複雑な話に感じられますが、この関係を支えるメカニズムは実はシンプルです。それはズバリ、**「モノは少なければ少ないほど希少価値が出る」**というごく自然な法則です。

要は、ドルに対して円が少なくなればそれだけ円に希少価値が出て円高になり、反対に円の量が増えればそれだけ円は珍しいものではなくなって価値が下がり、円安になるというだけの話なのです。

お答えしましょう!

円高・円安を引き起こす基本は、「マネタリーベース＝通貨量」。通貨量が多い通貨が安くなるだけなのです。

■為替とマネタリーベースの関係

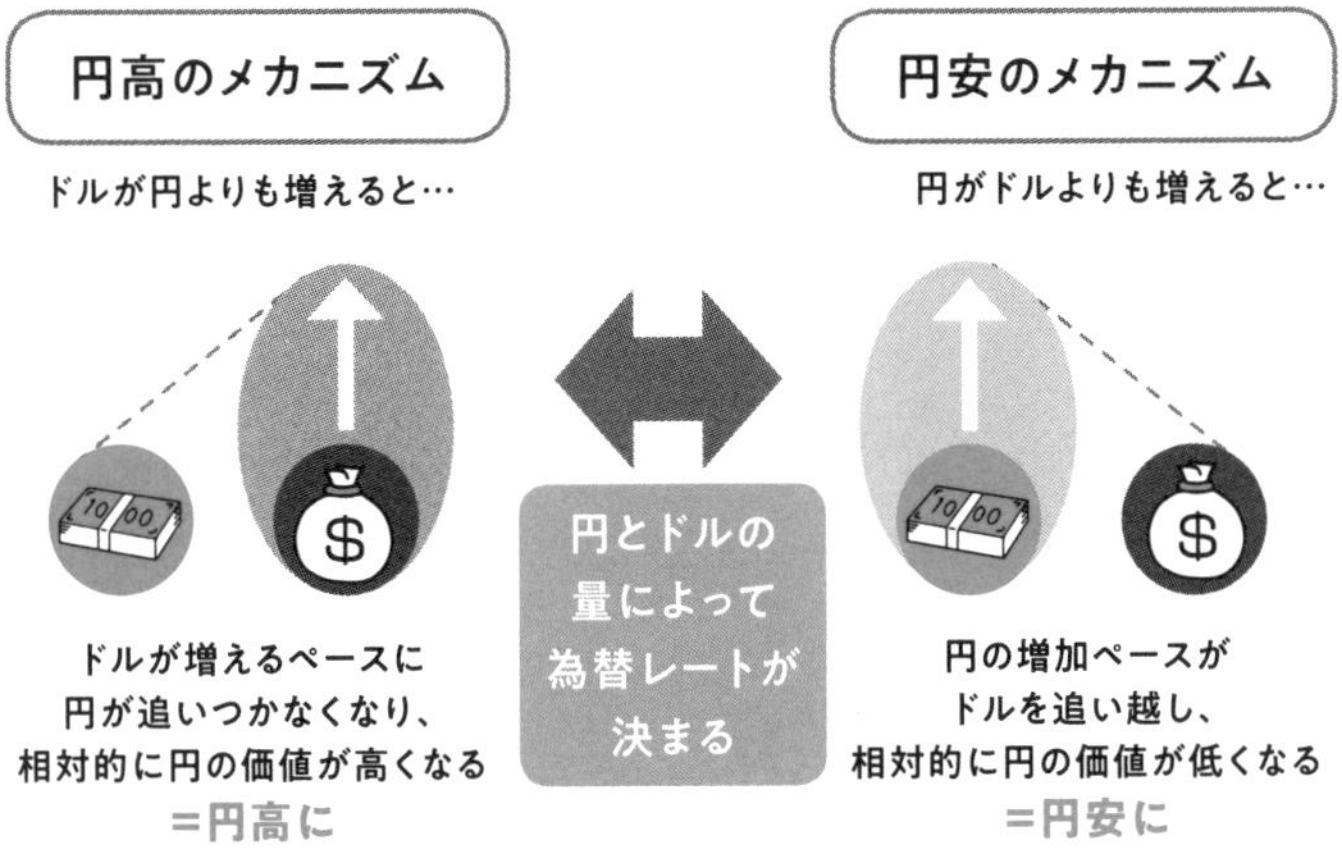

円高のメカニズム
ドルが円よりも増えると…
ドルが増えるペースに
円が追いつかなくなり、
相対的に円の価値が高くなる
＝円高に
円とドルの
量によって
為替レートが
決まる
円安のメカニズム
円がドルよりも増えると…
円の増加ペースが
ドルを追い越し、
相対的に円の価値が低くなる
＝円安に

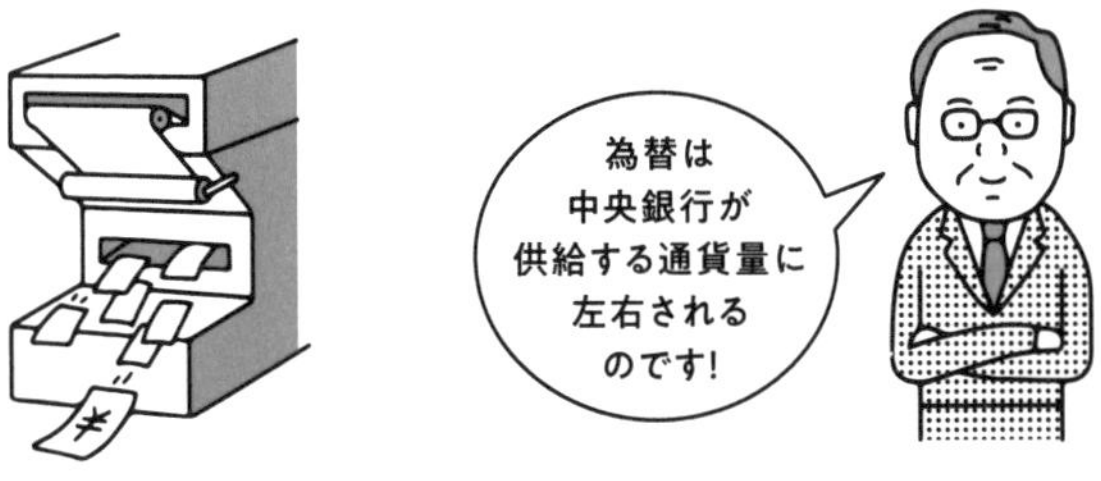

為替は
中央銀行が
供給する通貨量に
左右される
のです!

KEYWORD

マネタリーベース……国の中央銀行が世の中に供給するお金の量。日本の場合、「日本銀行券発行高」+「貨幣流通高」+「日銀当座預金」。

マネタリーベースは本当に、為替に大きな影響を与えているのですか？

POINT
戦後は実態以上の「円安」だった！

戦後の高度経済成長の要因は「円安」にあり

ここで、マネタリーベースの観点から実際に日本経済の歴史を見てみましょう。左図は、最近約50年間のドル円レートの推移と、日本円マネタリーベース／米ドルマネタリーベースの比率の推移をグラフ化したものです。

これを見ると、1985年9月の**プラザ合意**以降、日米間のマネタリーベース比がおおむねドル円レートの値になっていることが読み取れます。直近の急激な円安の進行も、ここ数年の変動しか見ていないとコントロール不可能な異常事態だと考えてしまいがちですが、50年の為替レートの歴史から見れば、**マネタリーベース比の上昇に対応したものだ**とわかります。

またこのグラフからは、なぜ日本が戦後に高度経済成長を遂げることができたのかという戦後史の重要テーマについても、興味深いヒントが得られます。

戦後長らく1ドル＝360円のレートを維持していた日本は、1971年の**ニクソンショック**や1985年のプラザ合意でのドル高是正により段階的に円高方向へ進みました。それまでは、当時のマネタリーベース比からは、一貫して実態以上の円安を享受してきました。

マネタリーベースの数値から考えられるプラザ合意以前のドル円レートの理論値は130～150円程度ですが、当時の実際のドル円レートは250円程度で推移しています。

私は、この**〝円安のゲタ〟を履かせてもらえていたことが、戦後の高度経済成長の秘密だったのではないか**と考えています。

お答えしましょう!

戦後の円安も、その後の円高もマネタリーベースが影響しているのです。

■ドル円レートと日米間のマネタリーベース比

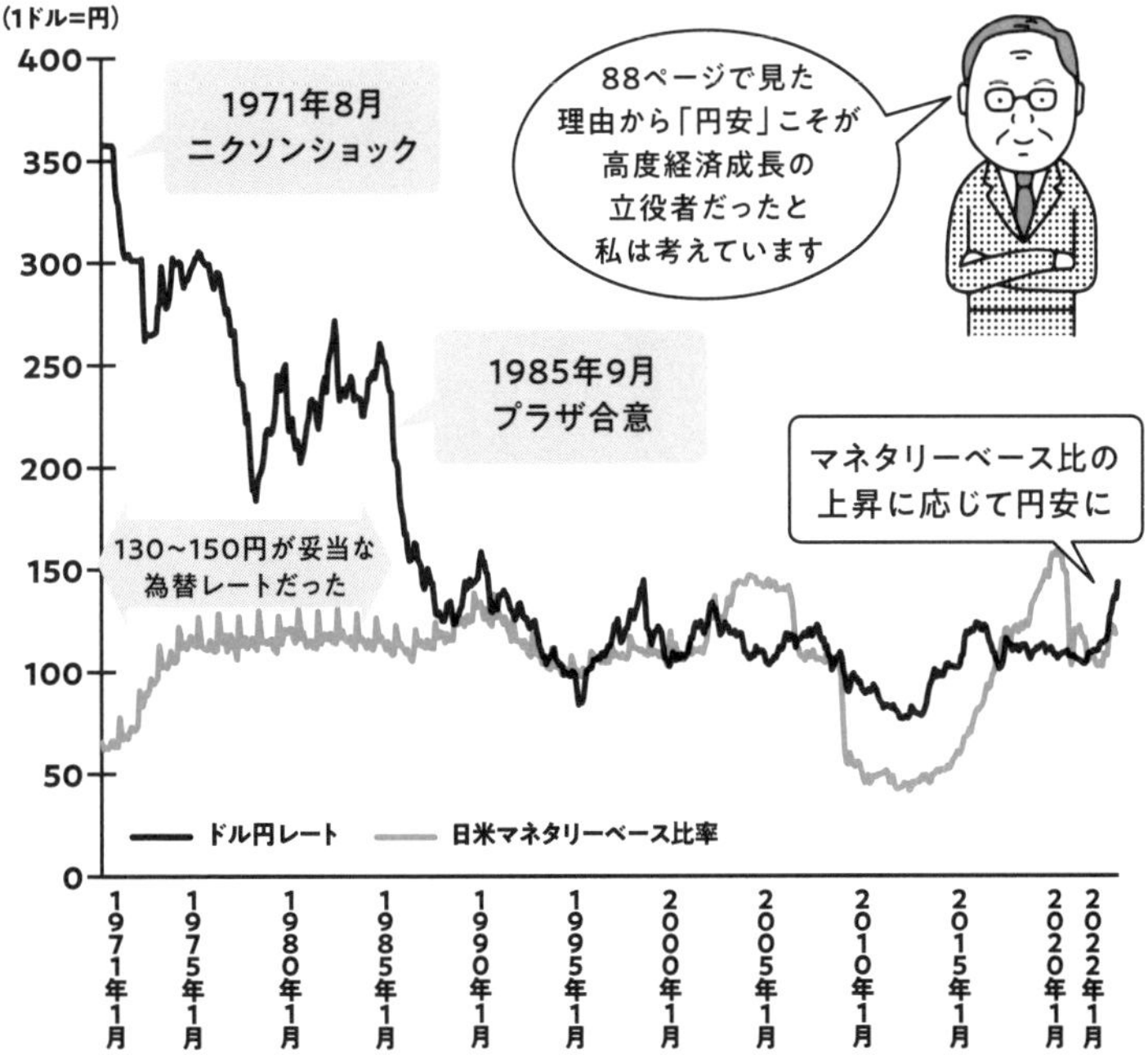

(1ドル=円)
400
350
300
250
200
150
100
50
0
1971年8月
ニクソンショック
1985年9月
プラザ合意
130~150円が妥当な
為替レートだった
88ページで見た
理由から「円安」こそが
高度経済成長の
立役者だったと
私は考えています
マネタリーベース比の
上昇に応じて円安に
ドル円レート
日米マネタリーベース比率
1971年1月
1975年1月
1980年1月
1985年1月
1990年1月
1995年1月
2000年1月
2005年1月
2010年1月
2015年1月
2020年1月
2022年1月

出典：ドル円レート／FRB「Foreign Exchange Rates」、日米マネタリーベース／日本銀行「日本銀行関連統計」／FRB「Money Stock Measures」をもとに作成

KEYWORD

ニクソンショック……1971年にニクソン大統領が金とドルの交換停止を発表。日本の固定相場制も終了した。

為替　82ページ

外国為替の場合、世界各国の円や米ドルなど異なる通貨を交換すること。通貨を交換するための場所のことを、外国為替市場、通貨交換の際の比率を為替レートと呼ぶ。

米ドル　82ページ

現在の国際通貨の中心で、為替や国際金融取引での基準として採用されている基軸通貨。第二次世界大戦直後までは、イギリスのポンドが世界の基軸通貨だった。

法人企業統計調査　86ページ

法人の企業活動の実態を把握することを目的として、財務省により年4回実施される調査。政府の月例経済報告や国民経済計算の推計などに用いられている。

経常利益　86ページ

企業が行う事業から経常的に得ている利益のことで、一時的な利益・損失は省く。企業が毎年どれくらい稼げるかを示す重要な指標。

純利益　87ページ

企業の売上高からさまざまな費用（銀行からの借入利息や、海外取引による為替差損益、固定資産の除売却による特別損失など）を差し引いた後の最終的な儲けのこと。最終利益とも呼ぶ。

OECD（経済協力開発機構）　88ページ

ヨーロッパ諸国を中心に38カ国の先進国が加盟する国際機関で、「世界最大のシンクタンク」とも呼ばれる。日本は1964年に加盟。経済成長、貿易自由化、途上国支援をメインに国際経済全般について協議する。

一般会計税収　89ページ

国の基本的な活動を行うのに必要な歳入、歳出を経理する会計のこと。2021年度の日本の一般会計の税収は67兆379億円。

マネタリーベース　90ページ

日銀が世の中に直接的に供給するお金の総量。貨幣量が増えすぎた（インフレ）ときにはマネタリーベースを減らして金融引き締めを実施し、貨幣量が不足した（デフレ）ときにはマネタリーベースを増やして金融緩和を行う。

プラザ合意　92ページ

1985年9月22日、米国ニューヨークのプラザホテルで開かれた、先進5カ国（米、西独、仏、英、日）の財務大臣と中央銀行総裁による為替レート安定化に関する合意の通称。これが1986年から始まった日本のバブル景気の発端といわれている。

ニクソンショック　92ページ

1971年8月15日、当時のニクソン大統領が発表したドルと金の交換停止によって、ドルの価値が急落。世界経済が混乱に陥った出来事のこと。日本ではこれを機に1ドル＝360円という固定相場制が終了し、変動相場制へ移行した。

戦後の高度経済成長　92ページ

1955年～1973年頃までを指し、この期間、日本経済は年平均で10％の成長を続けた。1973年のオイルショックにより終焉を迎えた。

第 **5** 章

「日本株」はなぜ「米国株」のように上がらない？

バブル崩壊以降、30年以上にわたって低迷を続けてきた日本の株。それに対して、米国株は2022年こそ利上げの影響で下落局面もありましたが、一貫して上昇傾向を続けています。アベノミクスで株価が上昇したメカニズムから、日本株の今後を占います。

株価が上がっても、一部の投資家以外は関係ないのでは？

POINT

投資家のみならず経済ひいては賃金に好影響を及ぼす

株価の上昇により企業の資金調達が容易に

2012年12月に民主党政権に代わって第二次安倍内閣が発足して以来、**日経平均株価**は左図のとおり、おおむね上昇傾向を維持してきました。民主党政権時代には1万円前後と低迷していた日経平均ですが、その後安倍政権時代には2万円を突破。

さらに2020年から翌年10月までの菅政権下では、2万3000円代から一時はバブル期以来約30年ぶりに3万円の大台を超えるにいたりました。

その後も基本的に2万8000円台をキープしました。岸田政権になってロシアのウクライナ侵攻による影響でやや下落しているものの、民主党政権時代を思い起こせば、「今は昔」といえる株価が続いています。

そのような中、自民党政権にいつもついて回ってきたのが「株価は上がったが、得をしているのは一部の富裕層だけだ」という批判でした。たしかに、株価が上がった際に直接的に利益を得るのは投資家ですから、株式投資をしていない庶民には関係ないというイメージを抱きがちです。しかし、**株価の上昇は、さまざまな形で経済全体に好影響をもたらします**。

そもそも、株式は企業が事業を行う資金を調達するために発行するもの。そのため**株価が上昇すれば、それだけ企業の資金調達が容易になります**。そして希望どおりの資金を調達できれば、企業はスムーズに事業を進めることができ業績もアップ。となれば、従業員の賃金も上がり、投資家でなくとも恩恵を受けることになるのです。

お答えしましょう！

株価の上昇は企業の資金調達を容易にしたり、消費を促進したりするなど、経済全体に好影響を与えます。

■日経平均株価の推移（月末終値）

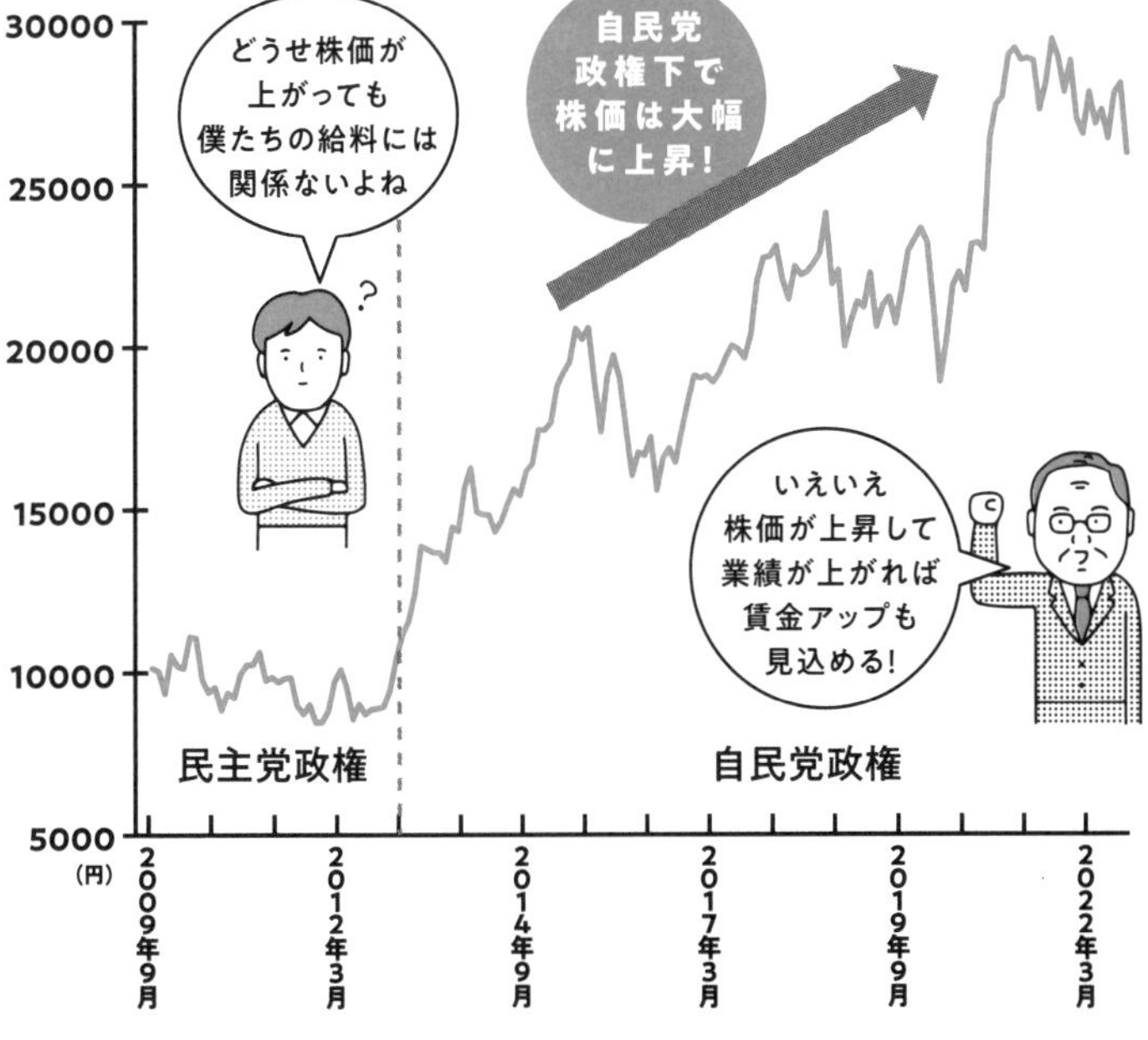

出典：日本経済新聞社「日経平均プロフィル」をもとに作成

KEYWORD

日経平均株価 …… 日本経済新聞社が東京証券取引所プライム市場から選定した225銘柄から算出する平均株価。

経済成長と株価の上下動に関係はある？

POINT
株価の動きと1年後の名目GDP成長率は連動している

株価の上昇が名目GDPを押し上げる

株価の上昇は、将来の名目GDPの成長率を押し上げる要因でもあります。左図は、最近20年間の名目GDPの成長率と1年前の株価上昇率の推移をグラフ化したものですが、**両者がゆるやかに連動していることがわかります**。

実際に、両者がどの程度連動しているかを示す相関係数を算出してみると、およそ0・52という数値になっています。ということは、大まかに見て1年前の株価上昇率から、名目GDPの成長率が5割程度は予測できるというわけです。

そもそも、将来の経済状況に対する投資家の予測を反映して株価は変動するもので、経済の半年先、1年先を反映するといわれています。ですから、株価の変動が1年後の名目GDP成長率と、ある程度連動するのは必然です。しかし、それだけではありません。株価が上昇するということは、民間の資産が増えるということでもありますから、資産が増えただけ消費が促進され（＝資産効果）、その結果として名目GDPが増加するという変化も生じることになるのです。

この投資家の予測と資産効果という2つの要因によって、株価の上昇率と1年後の名目GDPの成長率が連動するようになっているのだと考えられます。

ただし、私個人としては、株価は実質金利の副産物だと考えています。つまり、**金利が下がれば株価が上がり、金利が上がれば株価が下がるという極めてシンプルな関係にある**のです。

お答えしましょう!

株価の動きは1年後の名目GDP成長率と連動します。さらにいえば、金利の上下動に反比例すると考えられます。

■1年後の名目GDP成長率と株価上昇率の推移

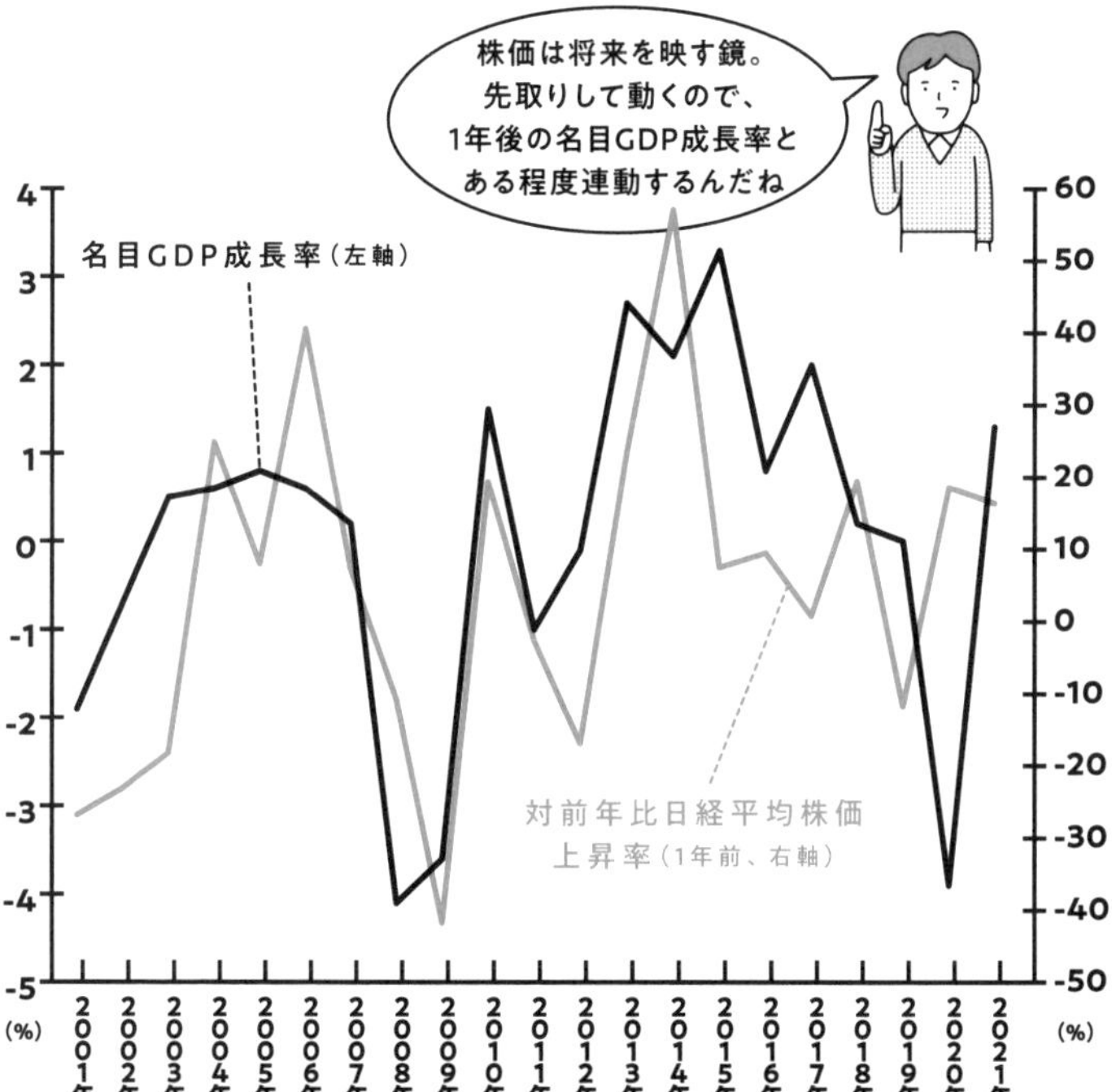

株価は将来を映す鏡。
先取りして動くので、
1年後の名目GDP成長率と
ある程度連動するんだね
名目GDP成長率（左軸）
対前年比日経平均株価
上昇率（1年前、右軸）
4
3
2
1
0
-1
-2
-3
-4
-5
(%)
60
50
40
30
20
10
0
-10
-20
-30
-40
-50
(%)
2001年
2002年
2003年
2004年
2005年
2006年
2007年
2008年
2009年
2010年
2011年
2012年
2013年
2014年
2015年
2016年
2017年
2018年
2019年
2020年
2021年

出典①（名目GDP成長率）：内閣府「国民経済計算（GDP統計）」をもとに作成
出典②（日経平均株価）：日本経済新聞社「日経平均プロフィル」をもとに作成

KEYWORD

名目GDP…… 国内で生産されたモノやサービスの合計額。物価の変動分は排除されていない。

日本の株価が変動するメカニズムとは？

POINT

日本株と米国株の値動きがズレるのは為替レートの影響

株価の値動きを決める 米国株と為替レート

前項では、株価の上昇が日本経済全体に良い影響を与えることを確認しました。それでは、日本の株価はどのようなメカニズムで変動するのでしょうか。

実は、日本の株価の値動きの大部分は、米国株と為替レートの動向から説明することができます。左図は、**リーマンショック**が起きた2008年以降の日経平均と**NYダウ**（米国株式市場の代表的な指数）の推移を、リーマンショック前の2008年1月の数値を100として指数化したものです。ここ10数年の大きな流れを確認してみると、日本株がおおむね米国株の値動きに連動する形で上下動していることがわかります。

しかしその一方で、グラフをよく見てみると、**日米間で若干値動きにズレが出ている期間が存在します**（だ円の部分）。**実は、このズレに関係してくるのが為替レート**です。

この関係は、ドル建ての株価が100ドルだと仮定して、円高の場合と円安の場合とで日本円で株を買う場合（円建て）を計算するとイメージしやすくなります。

円高、たとえば1ドル＝80円の場合には、100ドルの日経平均株価は円建てで8000円になります。一方、1ドル＝130円と円安の場合には、同じ100ドルの日経平均株価でも円建てで1万3000円になります。このように、**ドル建てでの価格が同じなら、円安のほうが日本株にとっては有利**になります。では、なぜここからズレが生じるのでしょうか？

お答えしましょう!

日本の株価の値動きは、米国株と為替レートの動向に左右されますが、「ズレ」が起きることも……。

■日米株価指数の推移（2008年1月=100として指数化、月末終値）

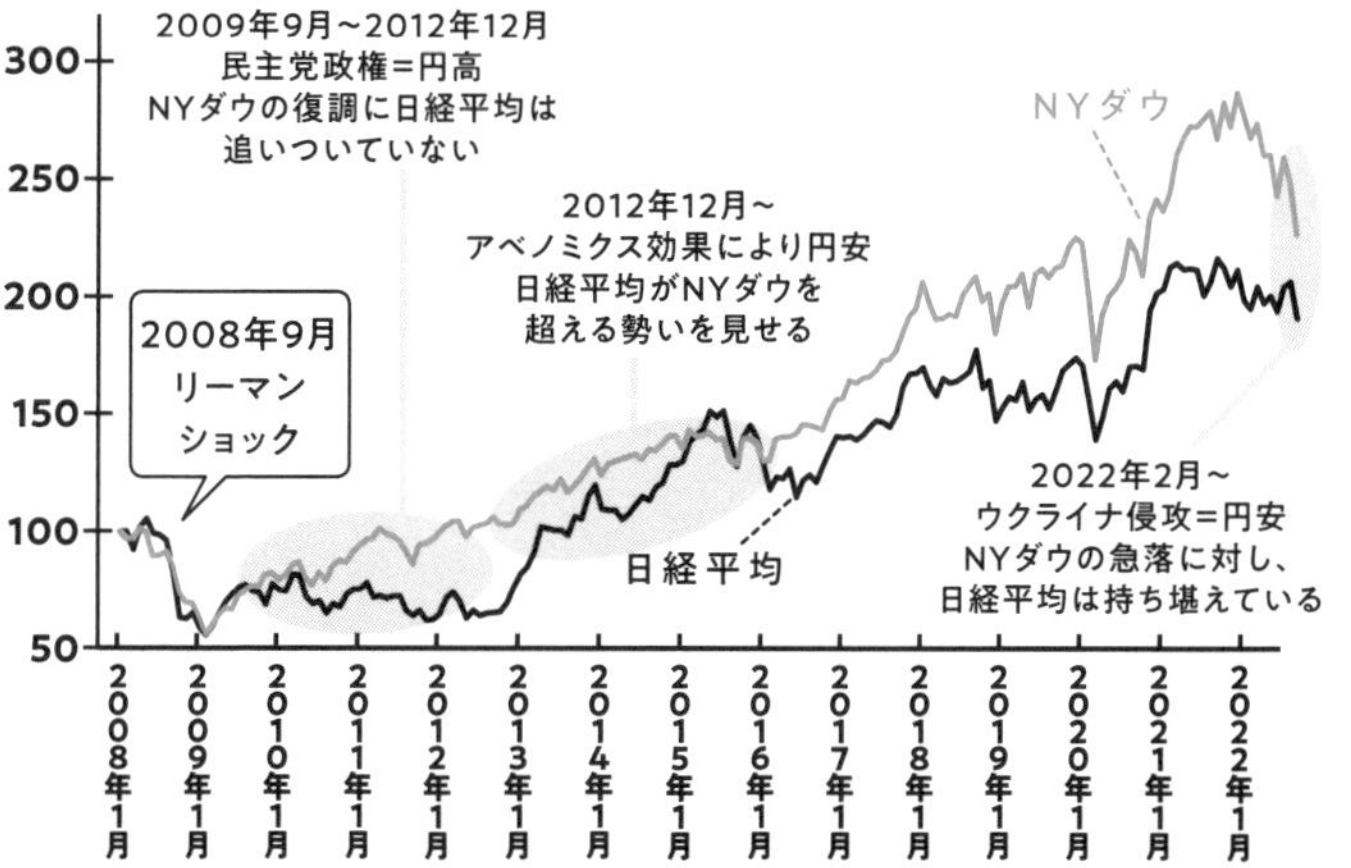

300
250
200
150
100
50
2009年9月～2012年12月
民主党政権=円高
NYダウの復調に日経平均は
追いついていない
2008年9月
リーマン
ショック
2012年12月～
アベノミクス効果により円安
日経平均がNYダウを
超える勢いを見せる
NYダウ
日経平均
2022年2月～
ウクライナ侵攻=円安
NYダウの急落に対し、
日経平均は持ち堪えている
2008年1月
2009年1月
2010年1月
2011年1月
2012年1月
2013年1月
2014年1月
2015年1月
2016年1月
2017年1月
2018年1月
2019年1月
2020年1月
2021年1月
2022年1月

出典①（日経平均）：編集部にて作成、出典②（NYダウ）：Investing.com をもとに作成

■円安のほうがドルベースで見ると日本株が割安に見える

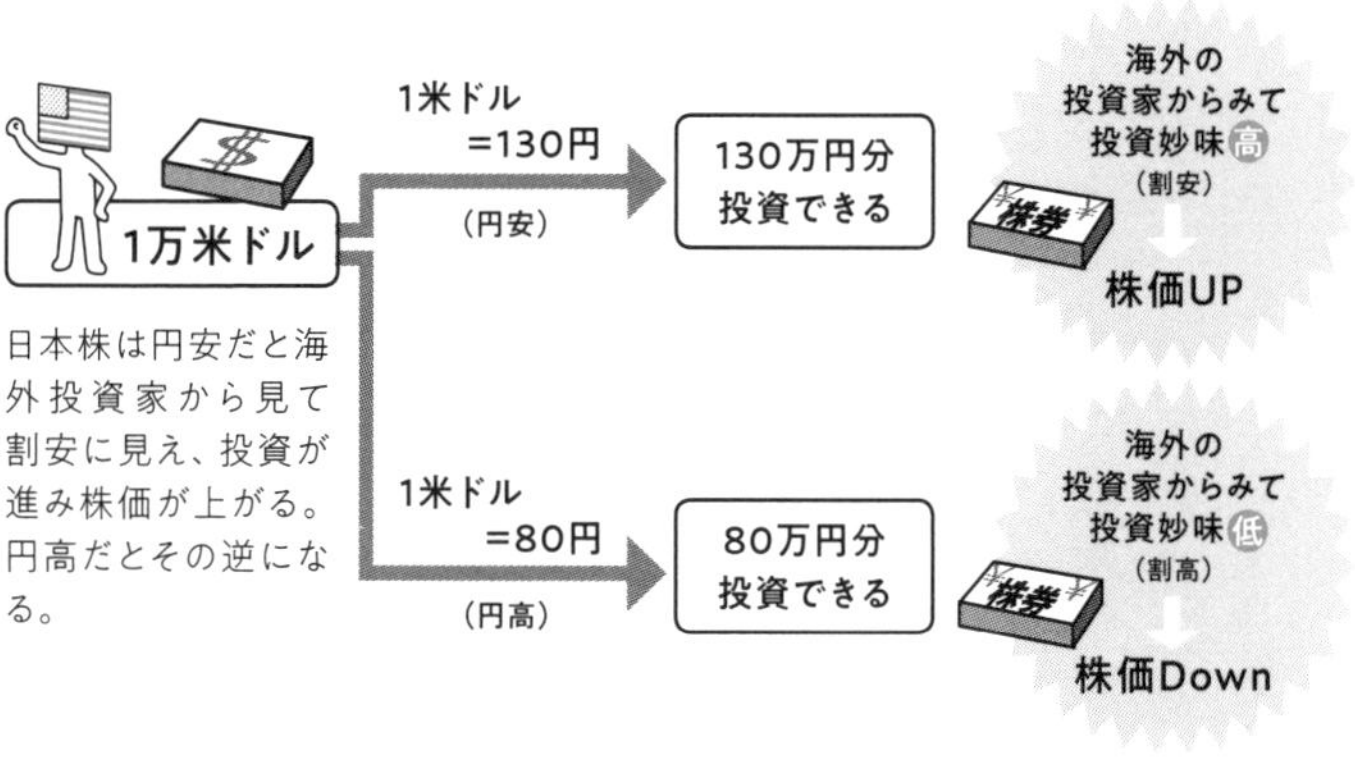

1万米ドル
1米ドル
=130円
（円安）
130万円分
投資できる
海外の
投資家からみて
投資妙味高
（割安）
株価UP
1米ドル
=80円
（円高）
80万円分
投資できる
海外の
投資家からみて
投資妙味低
（割高）
株価Down
日本株は円安だと海外投資家から見て割安に見え、投資が進み株価が上がる。円高だとその逆になる。

日本株は米国株の値動きに連動するといえる？

POINT
円高は株安傾向に、円安は株高傾向に作用する

為替の変動により独自の動きになることも

左図は前項の図における日経平均株価の値を米ドルの相当額に換算（ドル建て）して再計算したものです。日経平均株価の上下動はドル建てで見るとほとんどNYダウの上下動と連動しており、前項の図で生じていたズレもほぼ解消されていることがわかります。

これは、**日本株の値動きは実質的には米国株の値動きに連動するものの、そこに為替の変動が加わることで独自の動きを見せるようになる**ということを意味しています。

このことをふまえると、前項の図の一部期間で日米間の動きにズレが出ていた謎も解くことができます（101ページ上図参照）。NYダウに比べて日経平均が低迷した第一のズレの期間＝民主党政権時代は、実は極端な円高が続いていた時期にあたります。

一方、日経平均の伸びがNYダウの伸びを上回った第二のズレの期間（＝アベノミクスの前半期）と、NYダウが急落したにもかかわらず日経平均が持ちこたえた第三のズレの期間（＝ウクライナ侵攻以降の時期）には、円安が急激に進んでいました。つまり、おおまかにいえば、為替の変動によってズレが発生し、円高は株安方向に、円安であれば株高方向に作用するわけです。

ところが**2022年は歴史的な円安の年になったにもかかわらず、「円安は株高」というセオリーとは乖離した状況となっています**。今後の為替と株価の動向には、これまで以上に注意が必要かもしれません。

お答えしましょう！

日本株と米国株に、かつてほどの相関関係はなくなってきており、為替の変動により独自の動きを見せることも。

■ドル建て日米株価指数の推移
（2008年1月=100として指数化、月末終値）

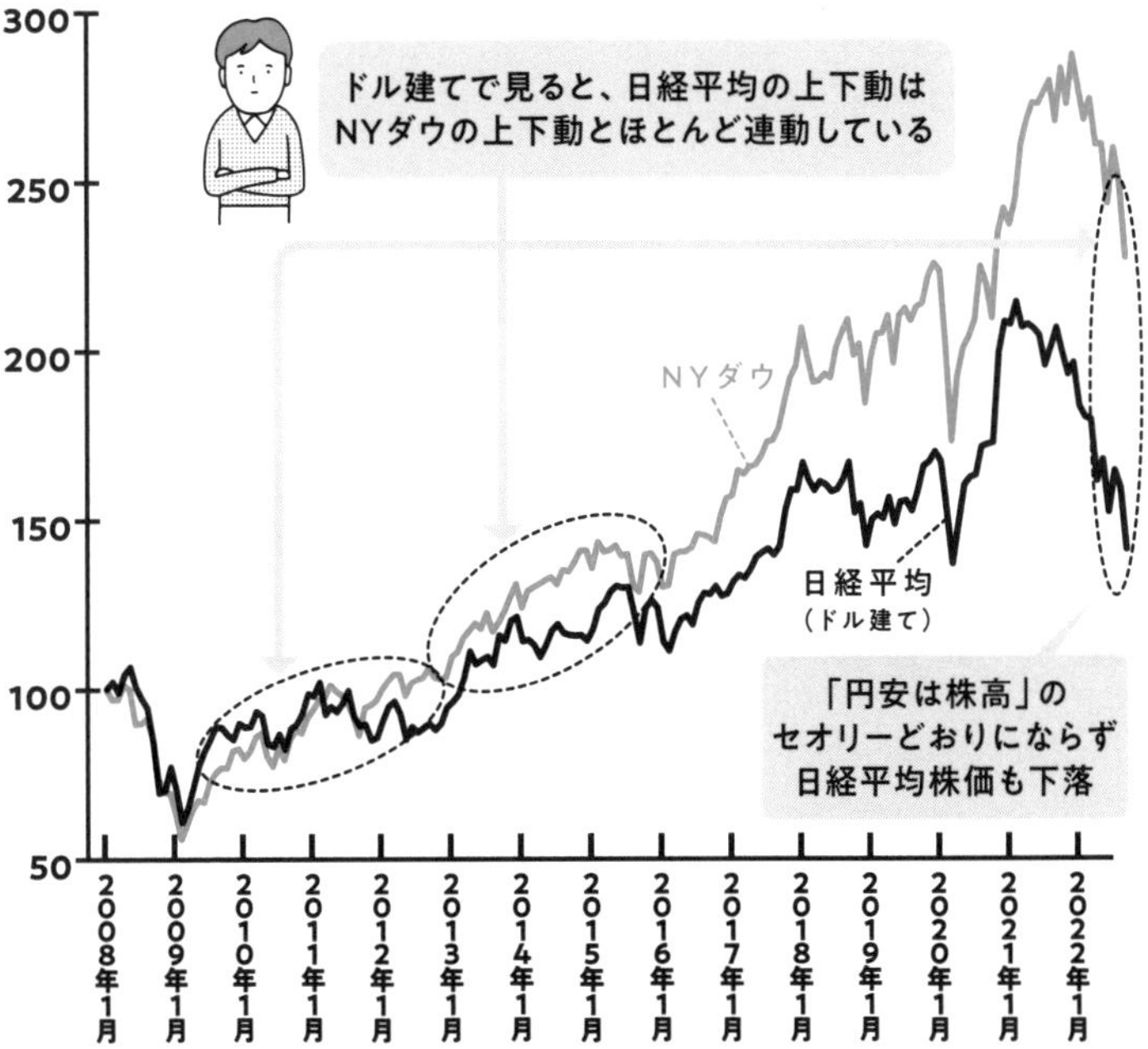

300
250
200
150
100
50
ドル建てで見ると、日経平均の上下動はNYダウの上下動とほとんど連動している
NYダウ
日経平均（ドル建て）
「円安は株高」のセオリーどおりにならず日経平均株価も下落
2008年1月
2009年1月
2010年1月
2011年1月
2012年1月
2013年1月
2014年1月
2015年1月
2016年1月
2017年1月
2018年1月
2019年1月
2020年1月
2021年1月
2022年1月

出典①（日経平均）：編集部作成　出典②（NYダウ）：Investing.comをもとに作成
出典③（為替レート）：日本銀行時系列統計データ検索サイト「外国為替相場状況（月次）インターバンク相場」のデータをもとに作成

KEYWORD

NYダウ……ダウ・ジョーンズ工業株価平均のこと。米国の各業種の代表的な30銘柄で構成される。

株価が上がれば経済政策は合格ですよね？

POINT

株価は金融政策による金利や為替動向の影響を受ける

株価の上下には経済政策の影響もある

テレビなどで日経平均株価の日々の値動きが報道されているのを見ていると、まるで株価の上下動が経済政策の良し悪しの基準であるかのように感じがちです。たしかに、株価と日本経済全体の状況にはリンクしている部分がありますから（98ページ参照）、株価は日本経済の動向を判断する材料の一つにはなるでしょう。

しかし、**そうであるからといって、日々の株価の変動から経済政策の良し悪しを評価しようとするのは、端的にいって誤り**です。株価の値動きは経済指標としては、取り扱いに注意しなければならない側面を持っているからです（詳しくは次項）。

もちろん、経済政策と株価の間には一定の対応関係があります。具体的には、金融政策の中の「金利」の設定が、株価の変動に関わってきます。これまでも、**金融緩和の実施＝実質金利の低減が経済の成長を促すこと**についてたびたびお話ししてきましたが、政府が金融緩和の方針を打ち出すと、市場がインフレの進行と、それに伴う企業業績の改善を予想して投資に積極的になり、その結果、株式相場は上昇することになります。

また、前項では為替レートの動向が日本株の値動きに大きな影響を与えること、とくに円安が日本株に有利に働くことを説明しました。

金融緩和は自国通貨の供給量＝マネタリーベースを増加させるので、長期的に見れば、円安傾向が進み（92ページ参照）**日本株は上昇**するのです。

お答えしましょう!

一定の対応関係はあるものの、株価の動向から経済政策の良し悪しを決めることはできません。

■長期的な傾向としては、金融緩和→株高に

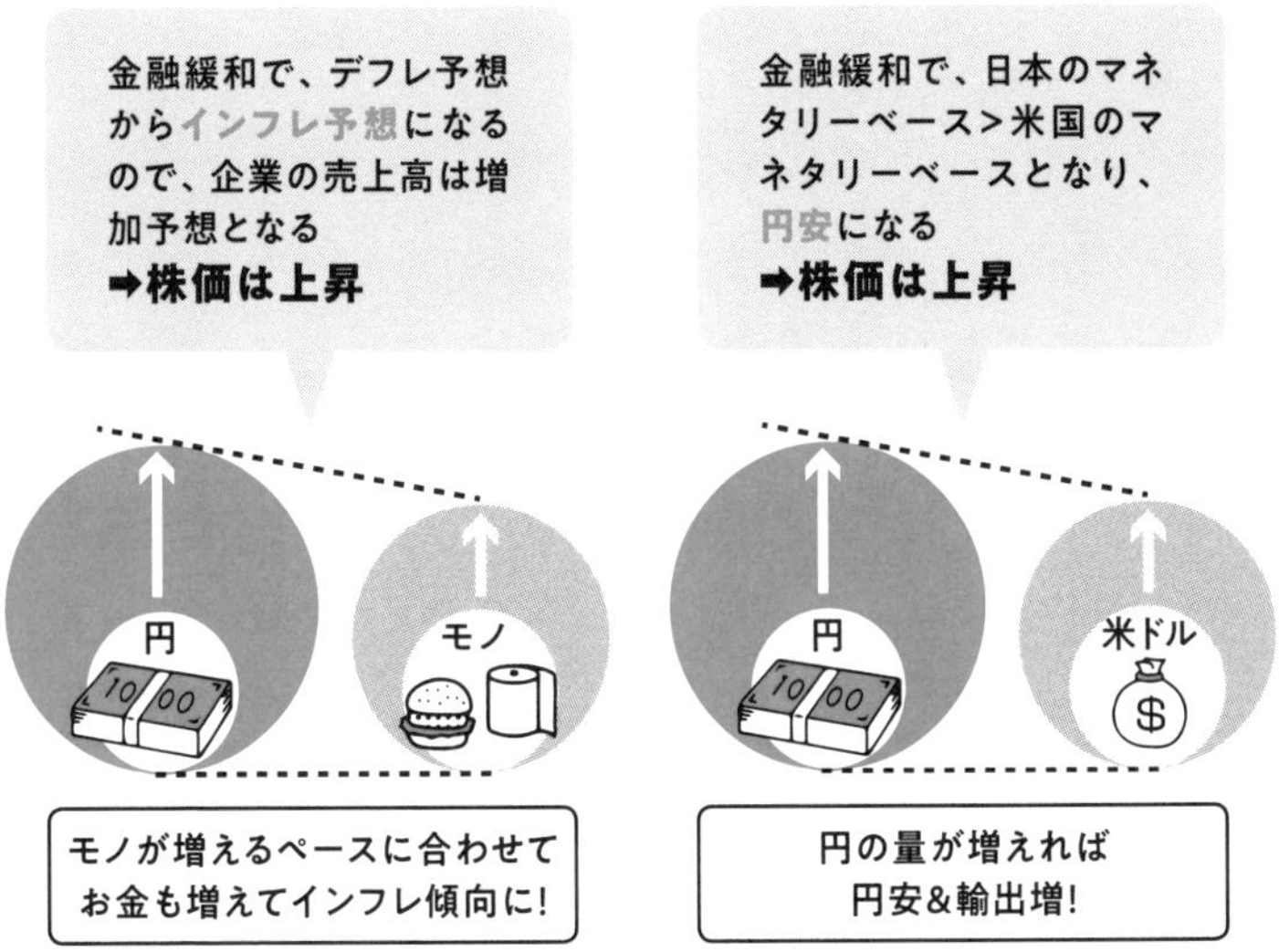
金融緩和で、デフレ予想からインフレ予想になるので、企業の売上高は増加予想となる
➡株価は上昇
円
モノ
モノが増えるペースに合わせてお金も増えてインフレ傾向に!
金融緩和で、日本のマネタリーベース>米国のマネタリーベースとなり、円安になる
➡株価は上昇
円
米ドル
$
円の量が増えれば円安&輸出増!

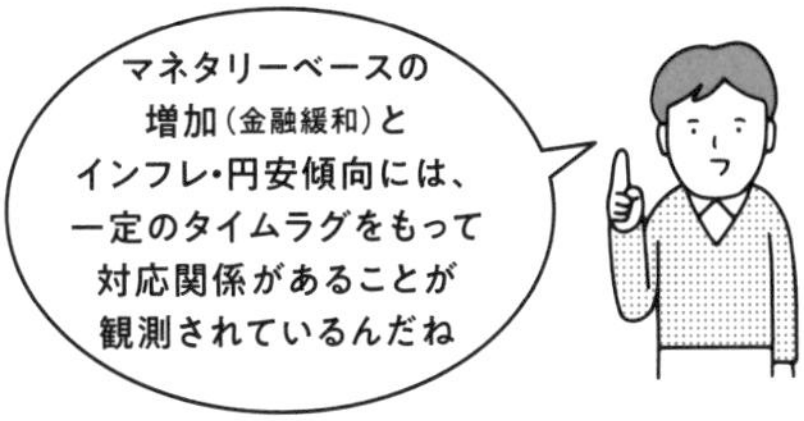
マネタリーベースの増加(金融緩和)とインフレ・円安傾向には、一定のタイムラグをもって対応関係があることが観測されているんだね

KEYWORD

経済指標……物価・インフレ率・失業率・小売売上高・国内総生産などの各国の統計データ。

株価と経済成長
6

そもそも株価は金融政策次第で上がるものなの？

POINT
株価は将来の企業収益の予想と金利によって決まるもの

株価は予測ベースの水物、株高は政策目標ではない

前項で説明したように、あくまで「長期的な傾向として」という条件付きではありますが、「金融緩和は株価の上昇をもたらす」という対応関係自体は存在しています。

しかし、そもそも金融政策の最終的な目的は企業業績の改善、賃金の上昇、雇用の増加といった形で経済成長を促進することにあります。

株価の上昇は、あくまで金融政策に対する市場の反応によって起きる副産物にすぎませんから、「金融緩和→経済成長」という流れにおける不可欠なピースではありませんし、また金融政策の動向と正確に連動するものでもありません。

金融緩和が株価の上昇をもたらすというお話しをしましたが、その関係はあくまで長期的な値動きについてのみいえることです。

短期的な値動きに関していえば、個々の投資は企業の業績の良し悪しに左右されますし、また投資家はそれ以外にもさまざまなニュース・指標を参考に将来を予測し、投資を行います。

そういった非常に多くの要因に左右される短期的な株価の値動きは、現在の経済学の知見をもってしても予見・コントロールすることができない「水物」であり、正確に米国株・為替レートの動向に合致することもありません。

そのため、**株価の短期的な値動きだけを見て、金融政策の良し悪しを判断するのは、極めてナンセンスなこと**だといえるのです。

お答えしましょう!

株価は水物。長期的に見れば上がりますが、短期的な値動きは予見・コントロールすることはできません。

■金融緩和がもたらす影響

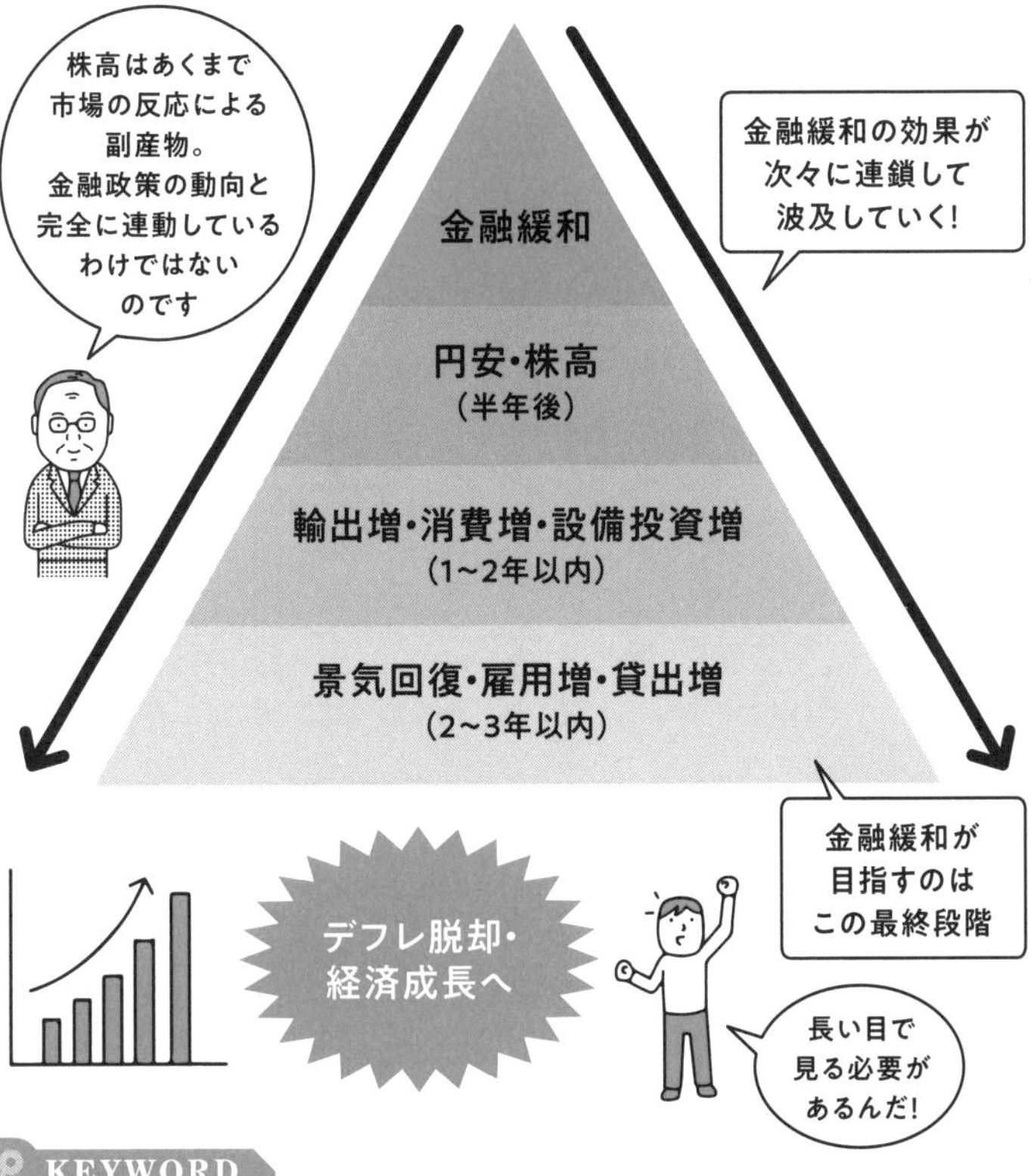
株高はあくまで市場の反応による副産物。金融政策の動向と完全に連動しているわけではないのです
金融緩和の効果が次々に連鎖して波及していく!
金融緩和
円安・株高
(半年後)
輸出増・消費増・設備投資増
(1~2年以内)
景気回復・雇用増・貸出増
(2~3年以内)
金融緩和が目指すのはこの最終段階
デフレ脱却・経済成長へ
長い目で見る必要があるんだ!

KEYWORD

企業業績……企業の会計年度における売上高や利益。株価に影響を与えるため決算見通しや修正は注目される。

リーマンショック後の日本株はなぜ立ち直りが遅れた？

金融緊縮で投資停滞&マネタリーベース鈍化

株価は2008年9月のリーマンショックを機に大きく下落しました。しかし、NYダウは2009年2月に下がり切った後はゆるやかな回復を続け、2020年のコロナ禍まで順調に上昇しました。

一方、日経平均はなかなか復調しませんでした。リーマンショックの1年後、2009年9月に**民主党政権**が誕生しますが、リーマンショック前の水準の8割程度まで上げるのが精一杯で、政権交代を迎えるまで株価は低迷を続けました。

この期間は極端な円高が続いていた時期ですが、この一致は偶然ではありません。実はまさにこの期間中、日本以外の先進国が積極的に金融緩和＝実質金利の低下を推進していたのに対して、日銀は状況を読み誤り、金融緩和を渋っていたのです。金融緩和はさまざまな形で経済の成長を促すものであるにもかかわらず、です。

金融緩和には、①市場にインフレ予想・企業業績改善予想をもたらして投資を促進する、②マネタリーベースを増加させて円安を進行させる、という2つの効果があります。これらの効果が合わさることで、株高傾向がもたらされます。

しかし、この時期の民主党政権の金融政策が真逆の方向へ進んだために、投資家の動きは鈍化。また同時に、マネタリーベースの増加ペースで日本円が米ドルに突き放されたことで、円高が続く形に。その結果、日本市場だけが出遅れることになったのです。

POINT

金融緩和には投資促進&円安進行の効果がある

お答えしましょう！

他の先進国が金融緩和を実施する中において、日本だけが金融緩和を渋ったからです。

■リーマンショック前〜民主党政権終了時の日米株価指数
（2008年1月＝100として指数化）

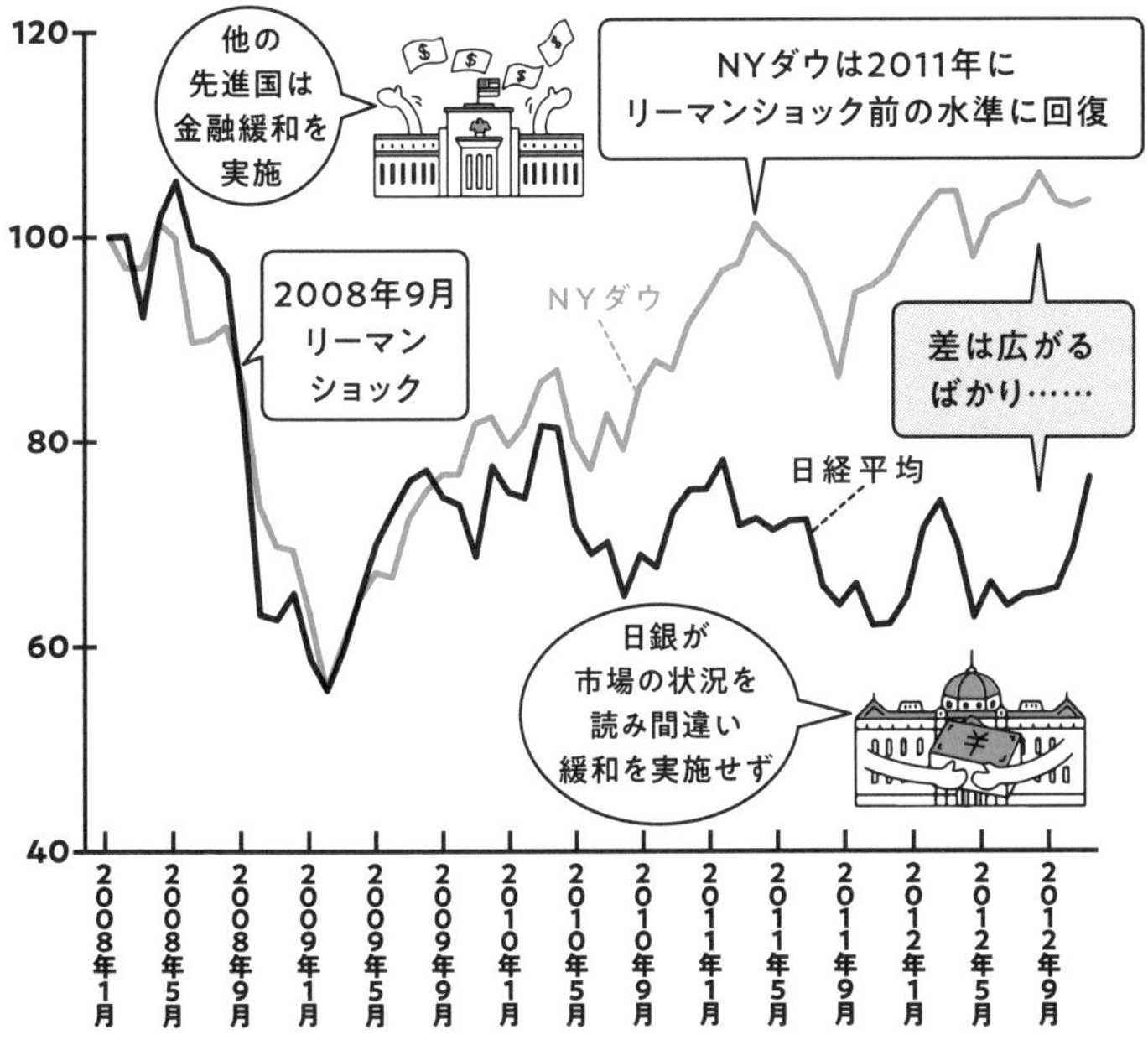

120
100
80
60
40
他の先進国は金融緩和を実施
NYダウは2011年にリーマンショック前の水準に回復
2008年9月リーマンショック
NYダウ
差は広がるばかり……
日経平均
日銀が市場の状況を読み間違い緩和を実施せず
2008年1月
2008年5月
2008年9月
2009年1月
2009年5月
2009年9月
2010年1月
2010年5月
2010年9月
2011年1月
2011年5月
2011年9月
2012年1月
2012年5月
2012年9月

出典①（日経平均）：編集部作成、出典②（NYダウ）：Investing.comをもとに作成

KEYWORD

民主党政権……2009年8月の衆議院議員選挙で政権交代を実現したが、わずか3年3カ月という短命に終わった。

バブル崩壊時の金融政策は正しかった?

POINT
株や土地は高騰したが物価は上がっていなかった

好景気感の陰で物価はさほど上昇せず

民主党政権時代の株価の低迷の原因が金融緩和の遅れにあったことをお話ししましたが、このような状況誤認に基づく金融政策の失敗は以前にもありました。それが、バブル崩壊時の金融引き締め策です。

左図からわかるとおり、バブル期の日経平均はここ50年間で突出して高く、1989年末には日経平均4万円に迫る勢いを見せていました。この時期は、他の指標を見ても実質GDPの成長率が約4~6%、失業率が2%台と、好景気感がありました。当時の日銀は、こうした好景気感をふまえて金融引き締めの方向へ舵を切ったのですが、この判断が誤りだったのです。

たしかに、景気の急激な好転に伴って物価が高騰した場合には、極端なインフレーションを回避するために金融引き締めを行うのがセオリーです。しかし当時は、物価全体はさほど上昇していませんでした。左図のとおり、**バブル期に急激に上昇した日経平均とは対照的に、物価全体の基調を表す指数であるコアコアCPI（60ページ参照）はさほど高い数値を示していません。**

物価が上がっていないにもかかわらず金融引き締めを行えば、当然経済は冷え込んでいくことになります。その結果がまさに、みなさんがご存知のバブル崩壊後の長期間にわたる不況にほかならないのです。その意味で、**悪かったのはバブルそのものというよりは、むしろバブル後に行った対策のほうだった**というべきなのです。

お答えしましょう!

実は、バブル期には物価全体は高騰しておらず、金融引き締めの必要はありませんでした。

■日経平均株価（年末終値）とコアコアCPI（前年比）

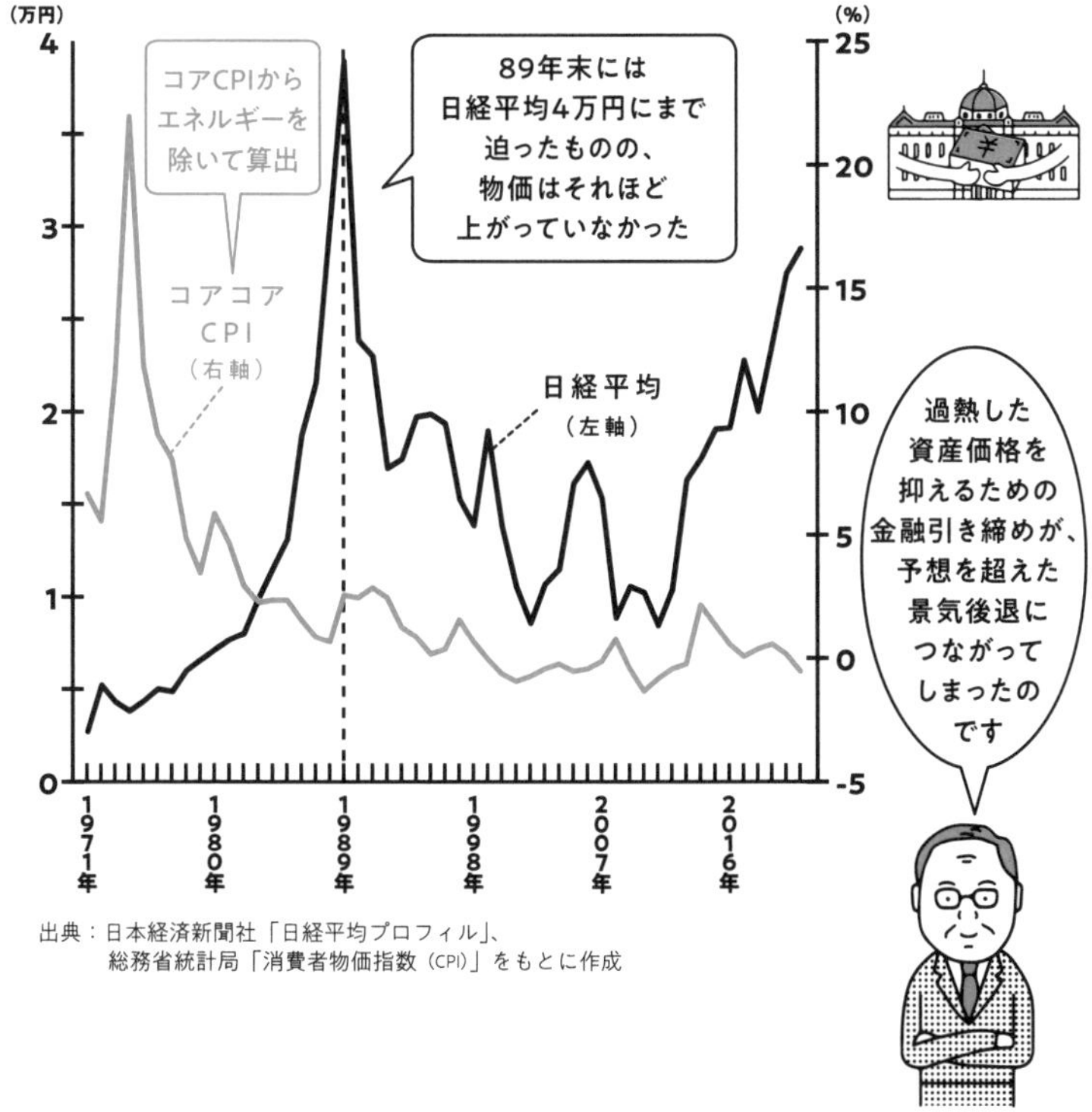

(万円)
4
3
2
1
0
(%)
25
20
15
10
5
0
-5
コアCPIからエネルギーを除いて算出
コアコアCPI（右軸）
89年末には日経平均4万円にまで迫ったものの、物価はそれほど上がっていなかった
日経平均（左軸）
過熱した資産価格を抑えるための金融引き締めが、予想を超えた景気後退につながってしまったのです
1971年
1980年
1989年
1998年
2007年
2016年

出典：日本経済新聞社「日経平均プロフィル」、総務省統計局「消費者物価指数（CPI）」をもとに作成

KEYWORD

バブル崩壊……1991年～1993年頃に、株価や地価が急落し景気が著しく悪化したこと。

バブル崩壊から20年間も復活できなかった本当の理由は？

POINT
経済の動きを市場に任せず、介入しすぎたことが原因

不正取引がもたらしたバブル経済のゆがみ

もちろん、バブル経済に一切問題がなかったのかといえばそうではありません。実は、株価と不動産価格だけが高騰する一方で物価の上昇が見られないという不自然な現象の裏には、法律の目をかいくぐった不正取引の横行がありました。

当時大蔵省（現・財務省）の官僚であった私は、証券会社の検査を通じてこの問題を発見したのですが、簡単にいえば、当時は、特定の投資家が抱えた損失を証券会社が補填するという取引が多く行われていたのです。

日本の証券取引法（現・金融商品取引法）では損失補填は原則として禁止されていますが、そこで禁止されているのは「事前の」損失補填に限られており、「事後に」損失を補填することは直接的には禁じられていませんでした。当時はこのような不正な取引が横行していたために、市場にゆがみが生じ、好景気感と物価との間にズレが生じていたわけです。

その後、不動産に対しては「**不動産融資の総量規制**」の通達が出され、当時の政策金利（公定歩合）は2・5％から段階的に6％に引き上げられました。融資を受けられなくなった土地や株は一気に売却され、大暴落しました。本来であれば**市場への介入はここで止め、以後の経済の動きは市場に任せるべきでした**。しかし日銀がこうした状況を把握しきれずに金融引き締めを実施したため、本来であればなだらかに**「収束」するはずだったバブル経済は、無残にも「崩壊」してしまった**のです。

お答えしましょう!

バブル末期の政府・日銀の必要以上の介入が「なだらかな収束」ではなく「崩壊」を招いてしまったのです。

■都市圏別住宅街の地価変動率の推移

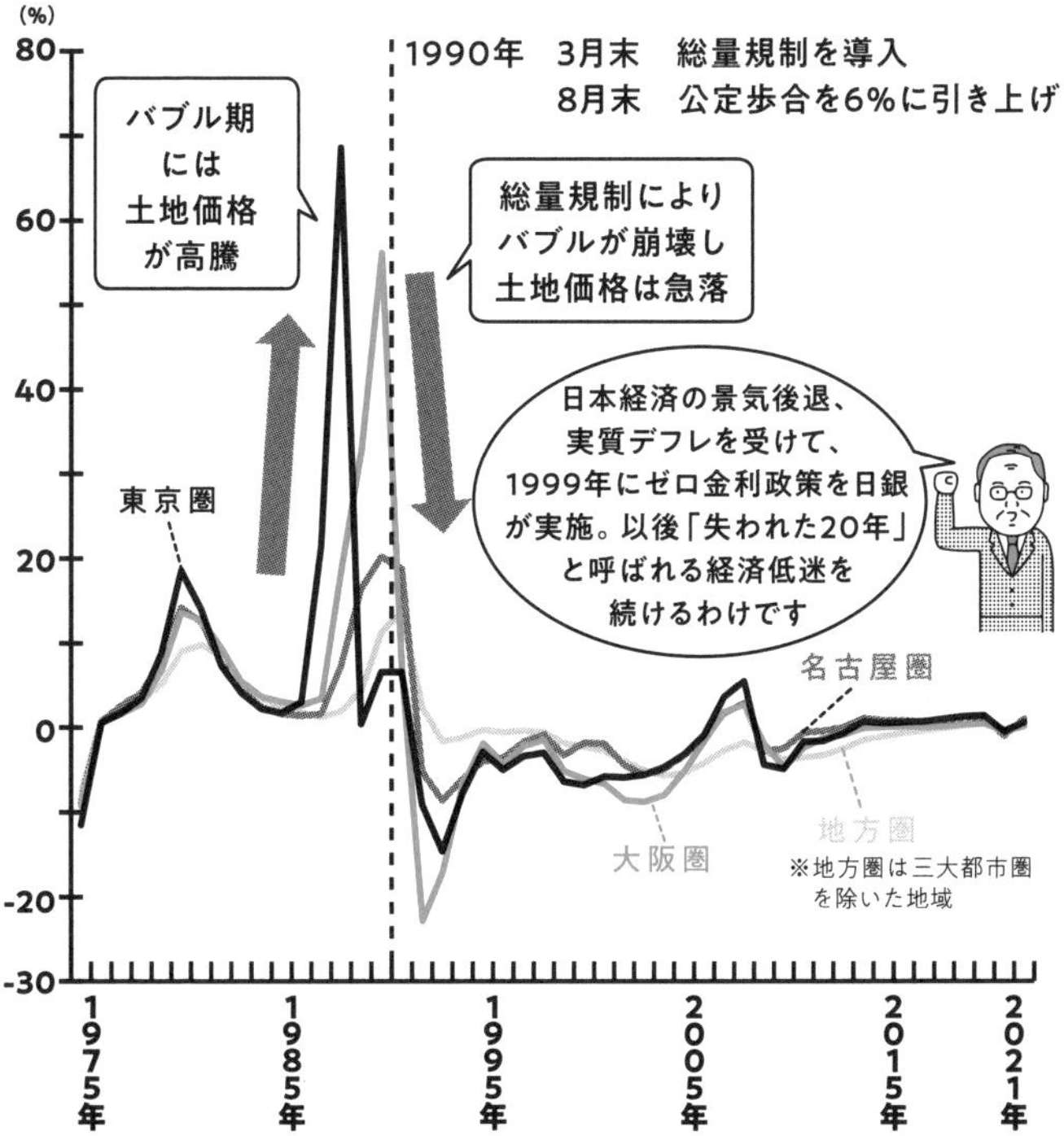

出典：国土交通省「地価公示」をもとに作成

KEYWORD

総量規制 …… 不動産向け融資、貸金業者から個人への融資など、社会問題の原因に上限を設ける抑制手法。

株価と経済成長

10

自民党の政権奪還後に株価が大幅に上昇したのはなぜ？

POINT

アベノミクス効果でリーマンショック前の株価を超えた

アベノミクス以降株価は大幅に上昇

さて、これまでは民主党政権時代までを振り返ってきましたが、2012年12月に自民党が政権を奪還して以降の日経平均株価の推移からは、どんなことが見えてくるのでしょうか。

さきほどと同様に、まず左図をもとにNYダウの値動きを見ておくと、リーマンショックから比較的早く復調したNYダウは、その後コロナ禍の影響で急落するまで10年近くゆるやかに上昇を続けてきました。

コロナ後もアメリカの中央銀行（FRB）の金融緩和の効果もあり、半年ほどで回復。その後はその水準を大幅に超える上昇を見せたものの、直近のウクライナ侵攻開始以降は急落。人手不足や物流の停滞、エネルギーの供給不安などから急激にインフレが進行しているため、段階的に利上げを行っています。そのため円安ドル高、アメリカの株価は下落という状況です。

一方、日経平均はアベノミクス開始とともに急上昇し、2013年5月には民主党政権時代では長らく手の届かなかったリーマンショック前の水準を突破。その後も、**基本的には米国の市場と歩調を合わせる形でゆるやかに上昇を続けてきました**。

しかしウクライナ侵攻開始以降は、欧米の中央銀行が利上げを行う中で**日本だけが金融緩和を続けてきたことから、大きな金利差が生まれ、急激に円安が進みました**。一方、日経平均は急落するNYダウとは異なる値動きを見せ、概ね2万円台後半の現状維持を続けています。

お答えしましょう！

円安が急激に進行した時期にあたっていたためです。その背後には、金融緩和の存在がありました。

■第二次安倍内閣発足後の日米株価の推移（月末終値）

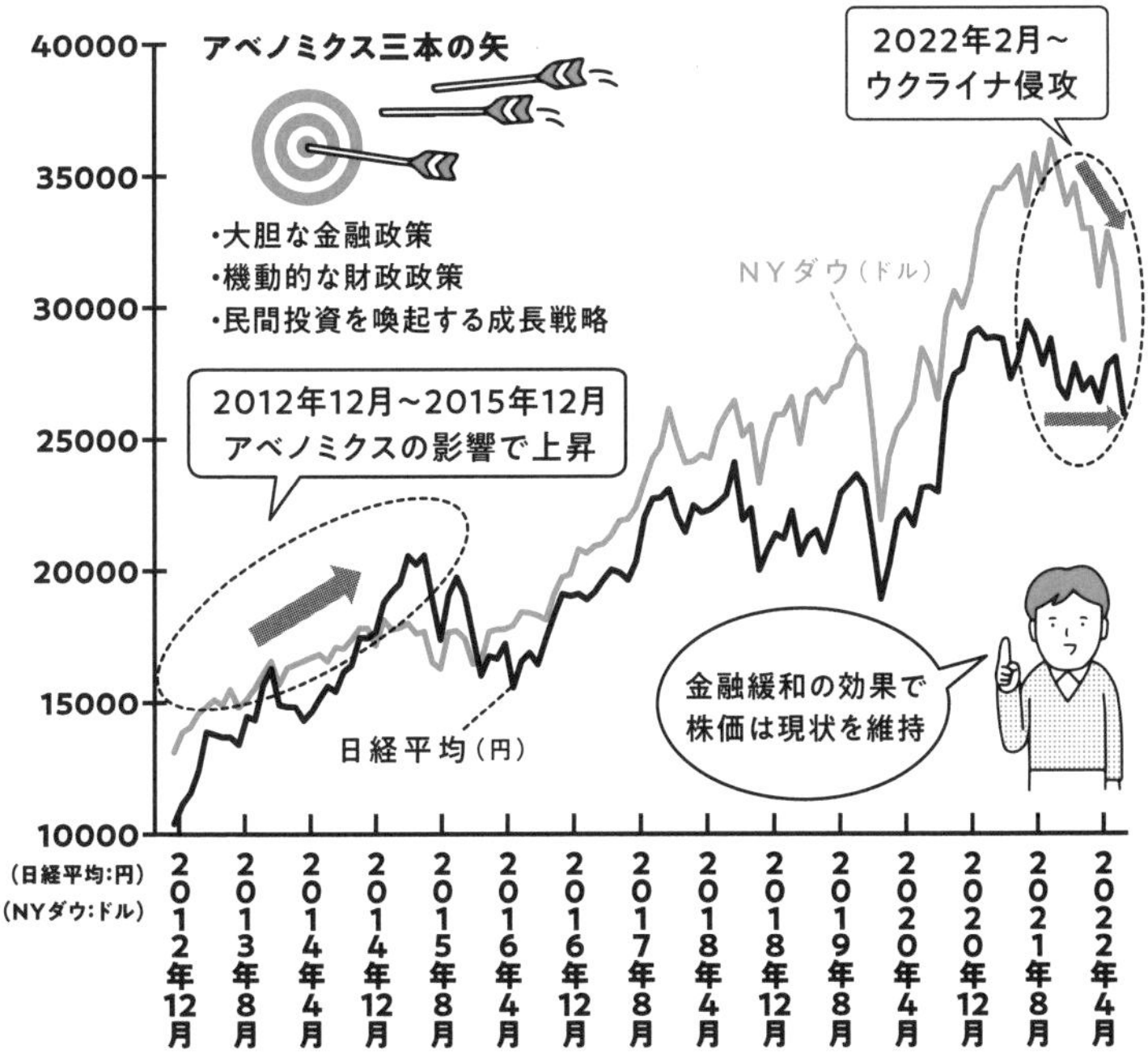

出典：日経平均株価／日本経済新聞社「日経平均プロフィル」、NYダウ／Investing.comをもとに作成

KEYWORD

ウクライナ侵攻……ロシア連邦が2022年2月24日に開始したウクライナへの軍事侵攻。食料、エネルギー不足によるインフレなど世界中に大きな影響を及ぼす。

株価と経済成長

11

金融緩和をやめると株価はどうなる？

POINT

金融緩和が解除されれば、株価は下がる可能性も

日本株の好調は大幅な円安がもたらした

102ページでも紹介したとおり、日本株のベース部分は米国株の動向にある程度連動する一方で、**為替レートの影響も受けることから時として独自の値動きを見せることがあります。**

そこであらためて自民党政権時代の為替レートを見てみると、たしかに日経平均がNYダウと異なる動きを見せるときには、為替レートの変動も激しくなっていることがわかります。NYダウの上昇ペースを上回る勢いを見せていた2012年12月から2015年12月の3年間では、当初1ドル86・32円だったレートは1ドル120円台に変化。

また、NYダウが急落している中で、なんとか持ちこたえている感のある2022年2月のウクライナ侵攻開始以降は、1月末の115・43円から10月には151円と急激に円安が進行しました。

ここまで急激な円安となったのは日米間の金融政策の違いによる金利差の結果で、このことは第3章でお話ししました。

日銀は大規模緩和を維持していましたが、2022年12月に**長期金利の上限を0・25%程度から0・5%程度に引き上げました。**市場は「サプライズ」に弱い面があり、為替相場は一気に130円まで円高に戻り、日経平均株価は2万6000円割れまでダウンしました。

今後の株価の動きは、今後の日銀の金利政策を睨みつつということになりそうです。**金利が上がれば、株価は下落傾向となるでしょう。**

お答えしましょう!

金利が上がれば、株価は下落傾向になります。まだ金融緩和を見直すべきではないでしょう。

■日経平均株価とドル円レートの推移（月末終値）

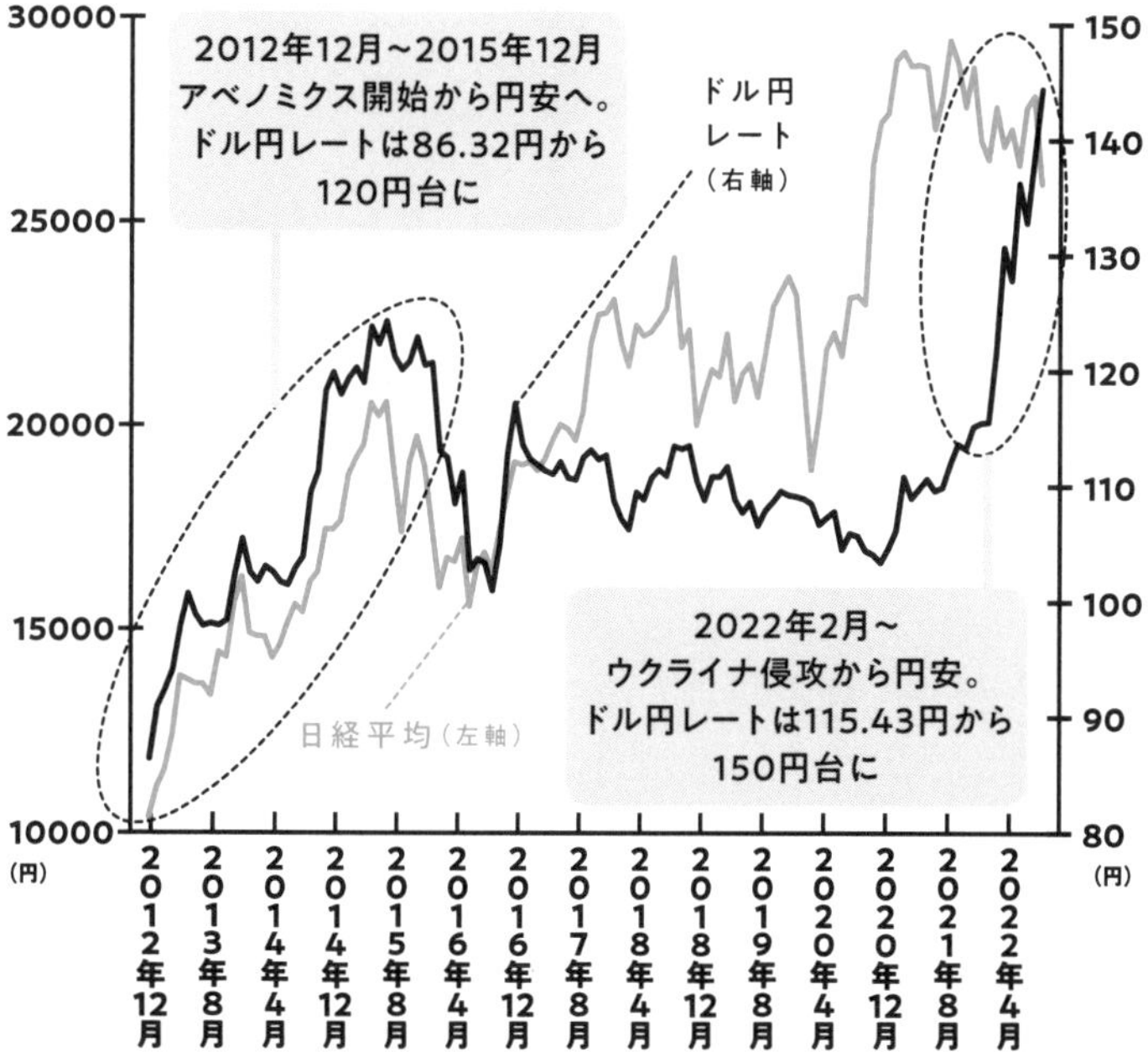

30000
25000
20000
15000
10000
(円)
150
140
130
120
110
100
90
80
(円)
2012年12月～2015年12月
アベノミクス開始から円安へ。
ドル円レートは86.32円から
120円台に
ドル円
レート
（右軸）
日経平均（左軸）
2022年2月～
ウクライナ侵攻から円安。
ドル円レートは115.43円から
150円台に
2012年12月
2013年8月
2014年4月
2014年12月
2015年8月
2016年4月
2016年12月
2017年8月
2018年4月
2018年12月
2019年8月
2020年4月
2020年12月
2021年8月
2022年4月

出典：日経平均株価／日本経済新聞社「日経平均プロフィル」、為替レート／日本銀行時系列統計データ検索サイト「外国為替相場状況（月次）インターバンク相場」のデータをもとに作成

KEYWORD

長期金利 …… 長期金利は需要と供給によって決まり、10年国債の利回りが目安になる。

日経平均株価　96ページ

日本の株式市場の代表的な株価指数で、東証プライム市場に上場する約２０００銘柄のうち２２５銘柄を日本経済新聞社が選定し、平均株価を算出したもの。日経平均、日経２２５と呼ぶこともある。

リーマンショック　１００ページ

２００８年9月15日にアメリカの投資銀行リーマン・ブラザーズが経営破綻したことで起きた、世界的な株価下落・金融危機。

NYダウ　１００ページ

正式には「ダウ工業株30種平均」。ニューヨーク証券取引所やナスダック市場に上場する代表的な30銘柄の推移をもとに算出。世界一古い歴史を持つ指数で、米国株式市場の全体的な動きを示す。

金融緩和　１０４ページ

投資や消費などの経済活動を促すため、中央銀行が政策金利を引き下げたり（利下げ）、資金の供給量を増やすこと。これに対して、経済活動を抑制する金融政策を「金融引き締め」という。

民主党政権　１０８ページ

２００９年9月に誕生し、鳩山由紀夫氏、菅直人氏、野田佳彦氏が首相を務めた。3年3カ月後の２０１２年12月、総選挙での惨敗により幕を閉じた。

金融政策　１０８ページ

日本銀行が物価を安定させるために、金利や通貨の供給量を調整することで行う、金融面からの経済政策。かつては公定歩合の上下動が金融政策の中心だったが、現在はオペレーション（公開市場操作）が金融政策の中心的な手段。金融政策の基本方針は「金融政策決定会合」で決定。

バブル崩壊　１１０ページ

１９８６年12月～１９９１年2月のバブル景気後に、株価や地価が急落し景気が著しく悪化したことを指す。

証券取引法　１１２ページ

証券取引に関する基本的な事項を定めた法律。２００６年6月に「金融商品取引法」に改正、名称変更。

不動産融資の総量規制　１１２ページ

不動産価格の高騰を沈静化させることを目的に、１９９０年3月に大蔵省（現・財務省）から金融機関に対して行われた行政指導。バブル崩壊の一因となった。

アベノミクス　１１４ページ

２０１２年から始まった安倍晋三政権の経済政策の総称。「大胆な金融政策」「機動的な財政政策」「民間投資を喚起する成長戦略」の政策を「3本の矢」と称し、デフレ経済からの脱却や、日本経済の長期的な成長を目指した。

ウクライナ侵攻　１１４ページ

２０２２年2月24日に始まったロシア連邦のウクライナへの軍事侵攻のこと。先進国によるロシアへの制裁措置でエネルギー価格が高騰し、これを受けてFRBが急速な利上げを実施。他国の利上げを誘発している。

長期金利の上限　１１６ページ

長期金利の指標である10年国債の利回りは、日銀の国債買い入れの増減でコントロールされている。これまで0%を起点に変動幅をプラスマイナス０・25%程度としていたが、２０２２年12月にプラスマイナス０・５%程度に引き上げられた。

第 6 章

景気をよくするには「公共投資」をすればいい？

2008年のリーマンショック後、欧米各国がいち早く、株価の低迷から脱却した中、日本だけが取り残されました。その理由は、政府が古典的な公共投資を中心とする経済対策にしがみついたから。欧米が積極的に取り入れている金融政策の手法を詳しく見ていきましょう。

不景気時は「財政政策」だけでは効果がないというのは本当ですか？

POINT
財政政策は、単独では効果が出にくい

ロジックを知らないと真の理解は得られない

2008年のリーマンショック、2020年のコロナショックなど、景気が下落傾向の際には、国が適切な経済対策を行い、景気を回復させる、つまりGDPを増やす必要があります。

経済政策には、政府による「**財政政策**」と日銀による「**金融政策**」の2つがあります。ここで重要なのが、これら2つの政策は**単独ではなくセットで行うことで、初めて大きな効果が得られる**ということです。このことを示す経済理論が「**マンデル＝フレミングモデル**」です。

マンデル＝フレミングモデルの定義は、左ページの図で示したように、「財政出動をして金利が上がると〝投資〟と〝輸出〟が減るため、変動相場制のもとでは単独で行う財政政策にGDPを増やす効果はない」というものです。しかし、いきなりこの定義を読んでも「難しくて理解できない」という人がほとんどでしょう。

そのため、教科書や辞書では、このモデルを「財政政策より金融政策のほうが効果的とする理論」と簡略化して定義していることがほとんどです。しかし、そこに含まれるロジックを理解していない人が、簡略化した定義を丸暗記してしまうと、「**財政政策には意味がない」という誤った認識を身につけてしまう**危険性があります。

そこで、次項からは、「マンデル＝フレミングモデル」のロジックについて順を追って説明していきます。少し長くなりますが、〝急がば回れ〟だと思ってついてきてください。

お答えしましょう!

そんなことはありません。ただし、財政政策と金融政策を合わせて行うほうが効果的です。

■マンデル=フレミングモデルとは?

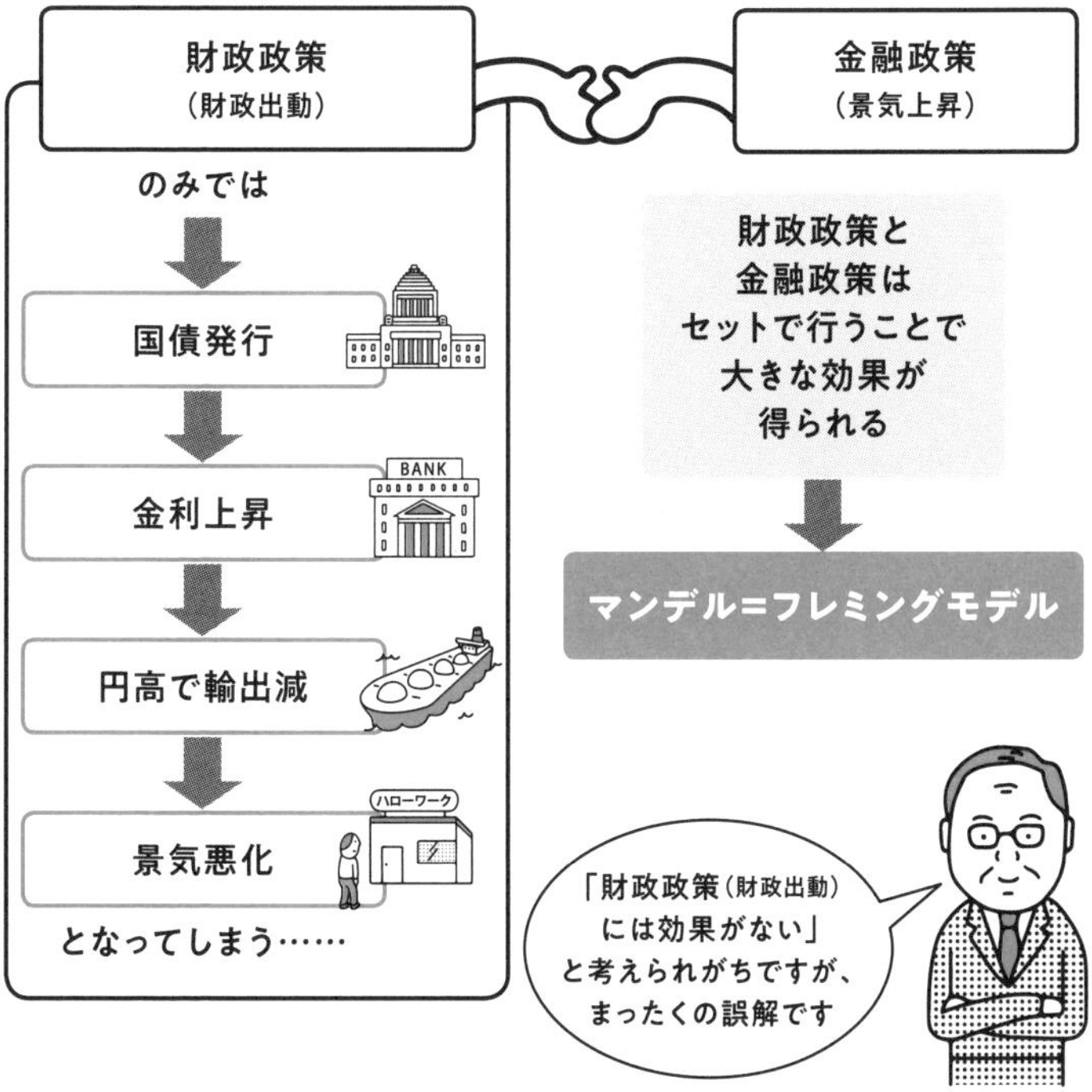

財政政策
(財政出動)
のみでは
国債発行
金利上昇
BANK
円高で輸出減
景気悪化
ハローワーク
となってしまう……
金融政策
(景気上昇)
財政政策と
金融政策は
セットで行うことで
大きな効果が
得られる
マンデル=フレミングモデル
「財政政策(財政出動)
には効果がない」
と考えられがちですが、
まったくの誤解です

KEYWORD

変動相場制……為替レートを外国為替市場の需給により変動させる制度。日本は1973年に固定相場制から移行。

財政政策で雇用や所得が増えれば景気がよくなるのでは？

POINT
財政政策はおもに「財政出動」と「減税」がある

政府需要が増えればGDPも増えるが…

マンデル＝フレミングモデルのロジックを理解するために、まずは財政政策のみを行った場合に経済がどうなるかを見ていきましょう。

景気回復を目的に行われる財政政策には、おもに「財政出動」と「減税」の2種類があります。財政出動とは、政府が国債を発行して民間金融機関からカネを集め、それを資金として公共事業などを行い、世の中に仕事を作り出すこと。政府が需要を生み出すという意味で、これを「政府需要」と呼びます。

財政出動によって「政府需要」が増えると、失業者は減って国民の所得は増えていきます。所得が増えれば、国内の「消費」が盛んになり海外からの「輸入」も当然増えます。さらに、経済が活発化すると、民間の「投資」もより盛んになるはずです。

ここで思い出して欲しいのが第1章で紹介したGDPの内訳です。GDPとは「**消費＋投資＋政府需要＋（輸出－輸入）**」というものですね。ということは「政府需要」が増えると、GDPの内訳のうち「消費」「投資」「輸入」が増えるはず。ここで「輸入」は、GDPではマイナス要素ですが、その影響は未知数です。

財政出動によって「政府需要」を増やすことで、「消費」はあきらかにアップし、「輸入」と「投資」は未知数としても、すべての和であるGDPは増える結果になりそうです。しかし、はたして本当にそういえるでしょうか？

お答えしましょう！

財政出動をして公共投資を行えば経済成長が促される……、ことはそう簡単なものではありません。

■財政政策のみを行った場合は…

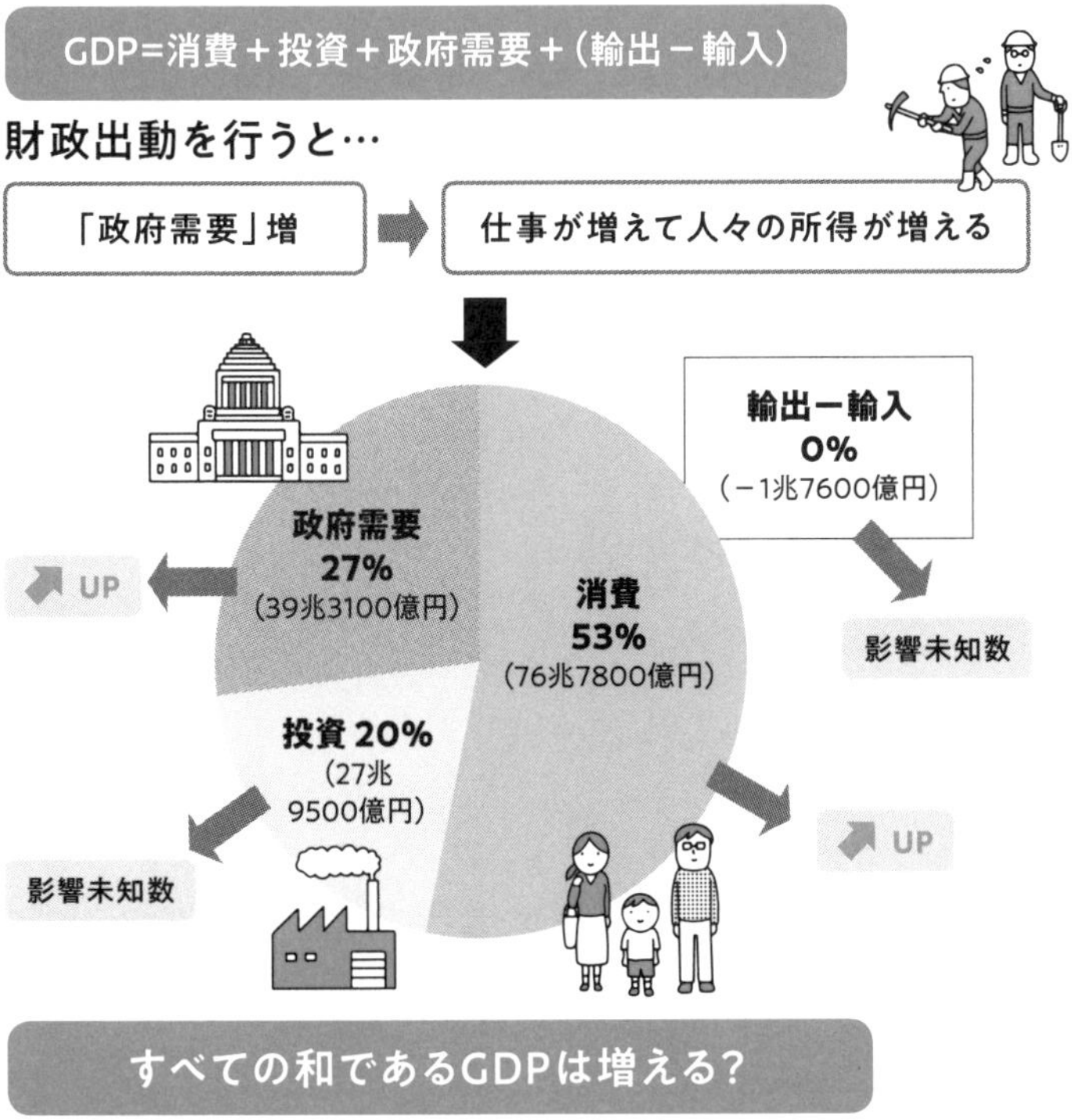

GDP=消費＋投資＋政府需要＋（輸出－輸入）
財政出動を行うと…
「政府需要」増
仕事が増えて人々の所得が増える
輸出ー輸入
0%
（－1兆7600億円）
影響未知数
政府需要
27%
（39兆3100億円）
UP
消費
53%
（76兆7800億円）
投資 20%
（27兆
9500億円）
影響未知数
UP
すべての和であるGDPは増える？

出典：内閣府「2021年10-12月期名目GDP数値」をもとに作成（100億円未満切り捨て）

KEYWORD

財政出動……政府が景気の浮揚を目指して、財政資金を公共事業などに投資し、仕事を作り出す財政政策。

財政出動のみでは景気が上昇しない理由は？

財政出動は金融緩和と一緒に行ってこそ

前ページより「財政出動＝GDPが増える」というロジックが成立しそうですが、**実はこれは大きな間違い**です。

財政出動は国債を発行して行うと説明しましたが、財政出動によって国債が発行されると、民間金融機関の資金が政府へ流れるため、民間企業に融資できる民間金融機関の資金が相対的に減少し、金利が上がります。

「金利」が上昇すると、企業が設備投資のために民間金融機関から借りるお金に高い利子がついてしまうので、「投資」に歯止めがかかります。また、金利の上昇は円高を引き起こすため、「輸出」も減ってしまいます。

こうした金利の影響を考えると、「投資」と「輸出」のマイナス分が、「政府需要」や「消費」のプラス分を打ち消してしまうこともあるため、**「財政出動＝GDPが増える」というロジックは必ずしも成立しない**ことになります。

そこで登場するのが、もう一つの経済対策である金融政策、具体的には「金融緩和」が挙げられます。**金融緩和の一つに、日銀が新たにお金を刷ることで、民間金融機関が持っている国債を買い上げる政策**があります。

金融緩和を行うと、民間金融機関の資金は潤沢になり、民間企業に積極的に資金を貸し出そうとします。その結果、金利は下がり「投資」と「輸出」が増えるため、**財政出動による金利上昇のマイナス面をカバーすることができる**のです。

POINT
財政出動には金利上昇というマイナス面もある

お答えしましょう!

財政出動の金利上昇作用と金融緩和の金利低下作用をセットにしないと、経済政策は効果を発揮しないのです。

■財政出動と金融緩和をセットで行うと…

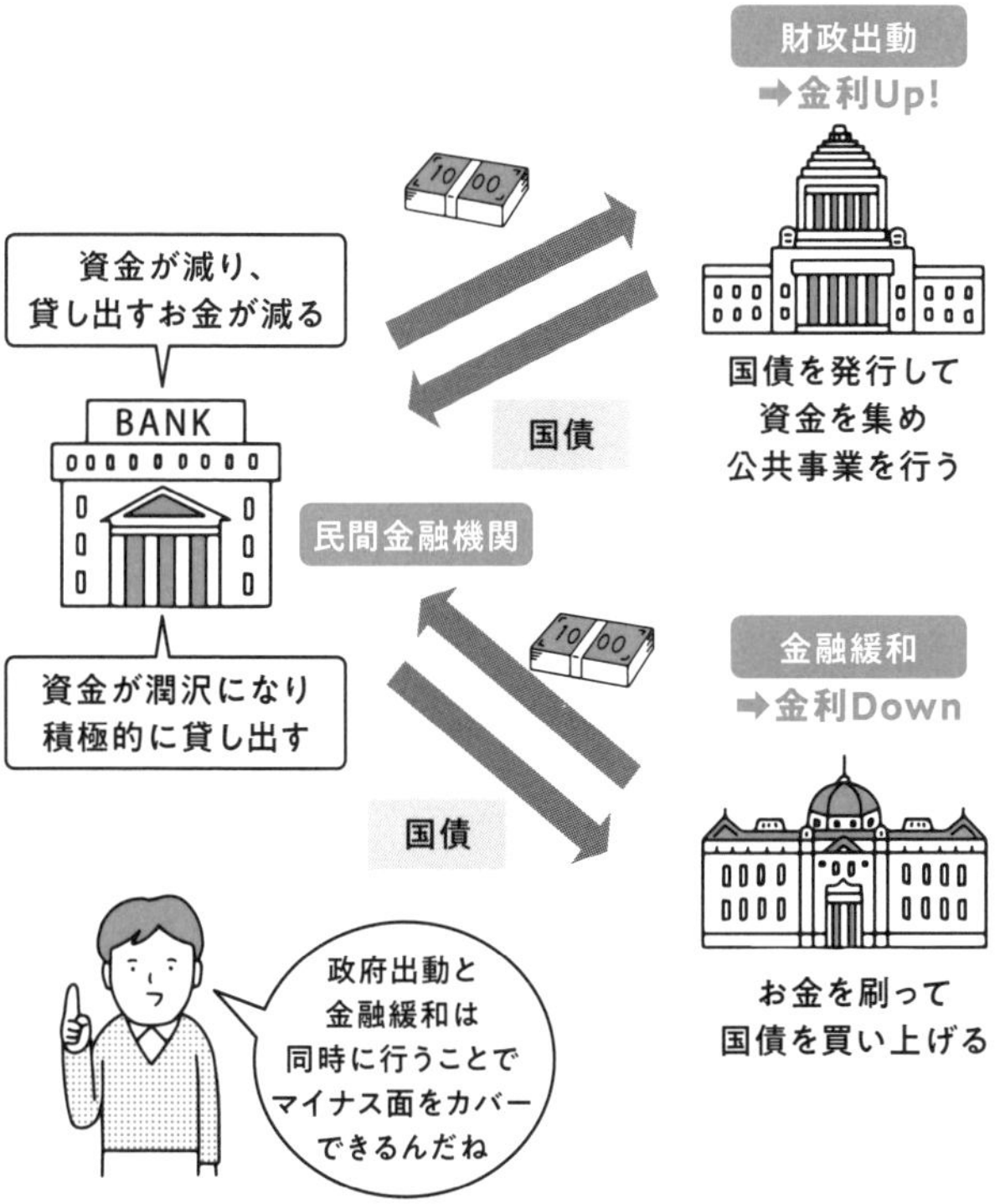

財政出動
➡金利Up!
国債を発行して
資金を集め
公共事業を行う
資金が減り、
貸し出すお金が減る
BANK
国債
民間金融機関
金融緩和
➡金利Down
資金が潤沢になり
積極的に貸し出す
国債
お金を刷って
国債を買い上げる
政府出動と
金融緩和は
同時に行うことで
マイナス面をカバー
できるんだね

KEYWORD

金融緩和……日本銀行が景気浮揚を促すために、政策金利を引き下げたりすることで資金供給量を増やすこと。

なぜマンデル＝フレミングモデルは「変動相場制」が前提なのですか？

POINT

財政出動の効果は固定相場制と変動相場制では異なる

固定相場制なら財政出動だけでも効果がある

前項で、財政出動は金利上昇を招き、投資減、輸出減につながるため、単独で行っても効果がないという「マンデル＝フレミングモデル」の勘どころは理解できたことでしょう。

しかし、この理論にはもう一つ条件があります。それは、これらはあくまで**〝変動相場制のもとでは〟**という条件がつくことです。なぜなら、固定相場制を採用している国であれば、そもそも為替が動かないため金利に影響が出ません。

金利が動かないということは、かなり強い金融緩和を行っているのと同じような状態のため、財政政策のみでもGDPを増やすことができるのです。

ここまでの話をまとめると「財政政策（財政出動）は、変動相場制のもとでは金利の上昇を招き、投資・輸出減につながるので、金融政策（金融緩和）で金利上昇を抑える必要がある。そうしないと財政政策の効果は出ない。一方、固定相場制ならば財政出動だけでも効果がある」ということになります。

このようにロジックをきちんと理解したうえで、あらためてマンデル＝フレミングモデルの「金利が上がると〝投資〟と〝輸出〟が減るため、変動相場制のもとでは単独で行う財政政策にGDPを増やす効果はない」という定義を読んでみてください。「難しい」という印象は消えて、**金利を上げないために財政出動は金融緩和と同時に行うことが欠かせない**、という理論が理解できるのではないでしょうか。

お答えしましょう!

為替が金利に影響するからです。金利が動かない固定相場制の場合、財政出動だけでも効果があります。

■為替制度の「変動相場制」と「固定相場制」の違い

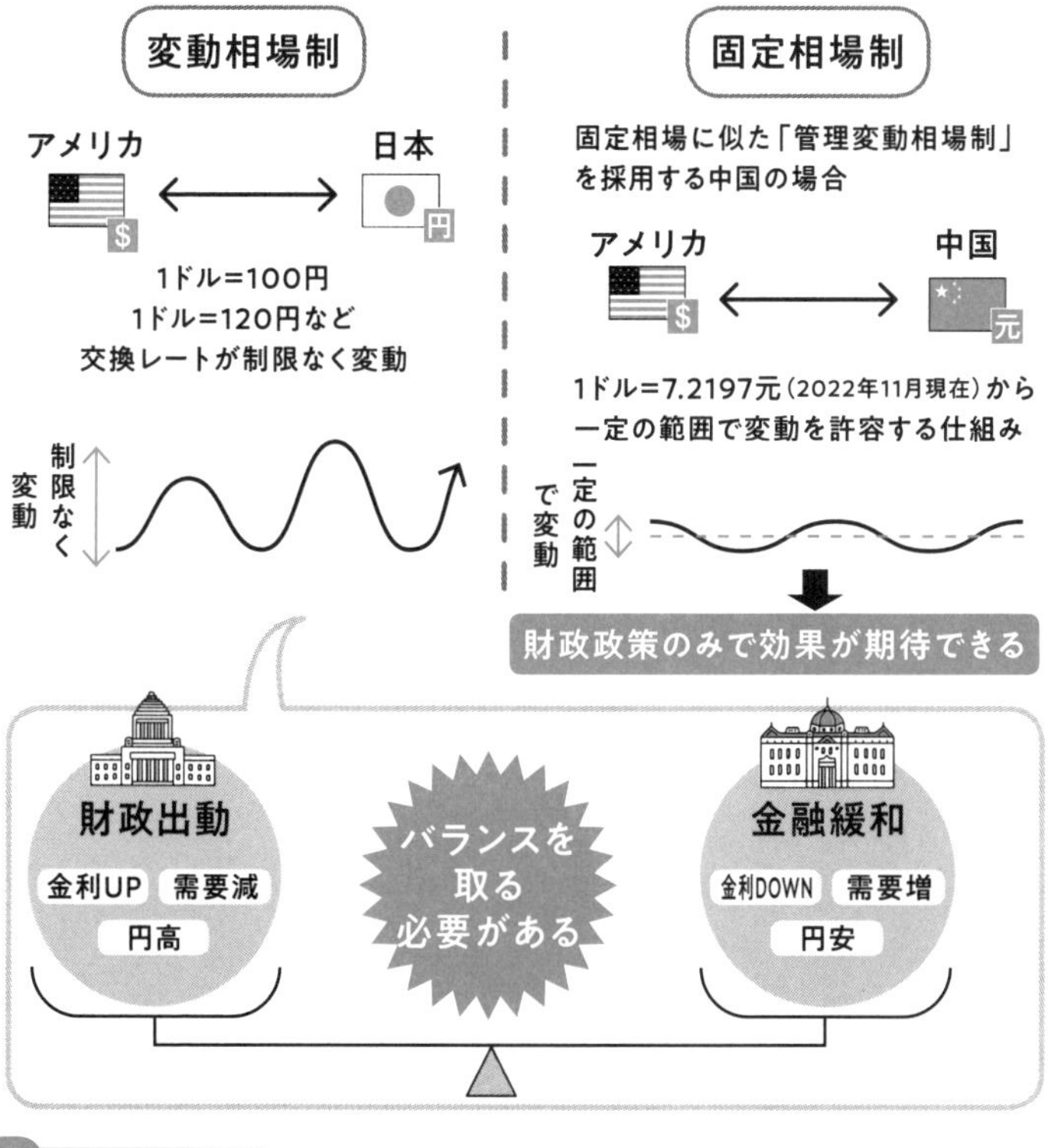

変動相場制
アメリカ
日本
$
円
1ドル=100円
1ドル=120円など
交換レートが制限なく変動
制限なく変動
固定相場制
固定相場に似た「管理変動相場制」を採用する中国の場合
アメリカ
中国
$
元
1ドル=7.2197元（2022年11月現在）から一定の範囲で変動を許容する仕組み
一定の範囲で変動
財政政策のみで効果が期待できる
財政出動
金利UP
需要減
円高
バランスを取る必要がある
金融緩和
金利DOWN
需要増
円安

KEYWORD

固定相場制……各国間で為替レートを固定・維持する制度。1973年に先進各国は変動相場制へ移行。

金融緩和政策を取り入れたアベノミクスはなぜ途中で失速した？

POINT

大胆な金融政策と機動的な財政政策は効果的だった

消費増税はGDPにも悪影響

「マンデル＝フレミングモデル」を理解したところで、現実社会に目を向けてみましょう。GDPを増やすには、財政出動と金融緩和をセットで行うのが効果的です。その点で、民主党から政権奪還後の自民党の経済政策は一定の評価に値します。

アベノミクスによって「大胆な金融政策」「機動的な財政政策」がセットで行われると、すぐに効果は表れ、景気動向指数も右肩上がりを示しました。そのまま順当にいけば、さらに良い流れができるはずでした。

ところが、そんな矢先に行われた**消費増税がすべてを台無しにしてしまいました**。せっかく機動的な財政支出によって「国民に分配するお金」を増やしたのに、消費増税によって「国民から取るお金」を増やしてしまったことで、再び消費が冷え込んでしまったからです。

消費が冷え込めば、当然GDPの増加は見込めません。実際に、消費増税直後の2019年10月の消費支出は大幅に下落し、景気を表すGDPもマイナスになりました。アベノミクスによる景気回復効果が出始めようかというタイミングで、大きく目算が狂ってしまったわけです。

このことが示すように、**財政出動と増税を同時に行うのは「愚策中の愚策」**です。不景気から立ち直りたいなら、**増税などせず、財政出動と金融緩和をして、経済成長を促すべきです**。そうすれば、失業者は減り、国民の所得が上がり、結果的に税収は増えるのです。

お答えしましょう！

消費増税が水を差したためです。景気回復を狙うタイミングでの増税は愚策といわざるを得ません。

■アベノミクスは「消費増税」で失速

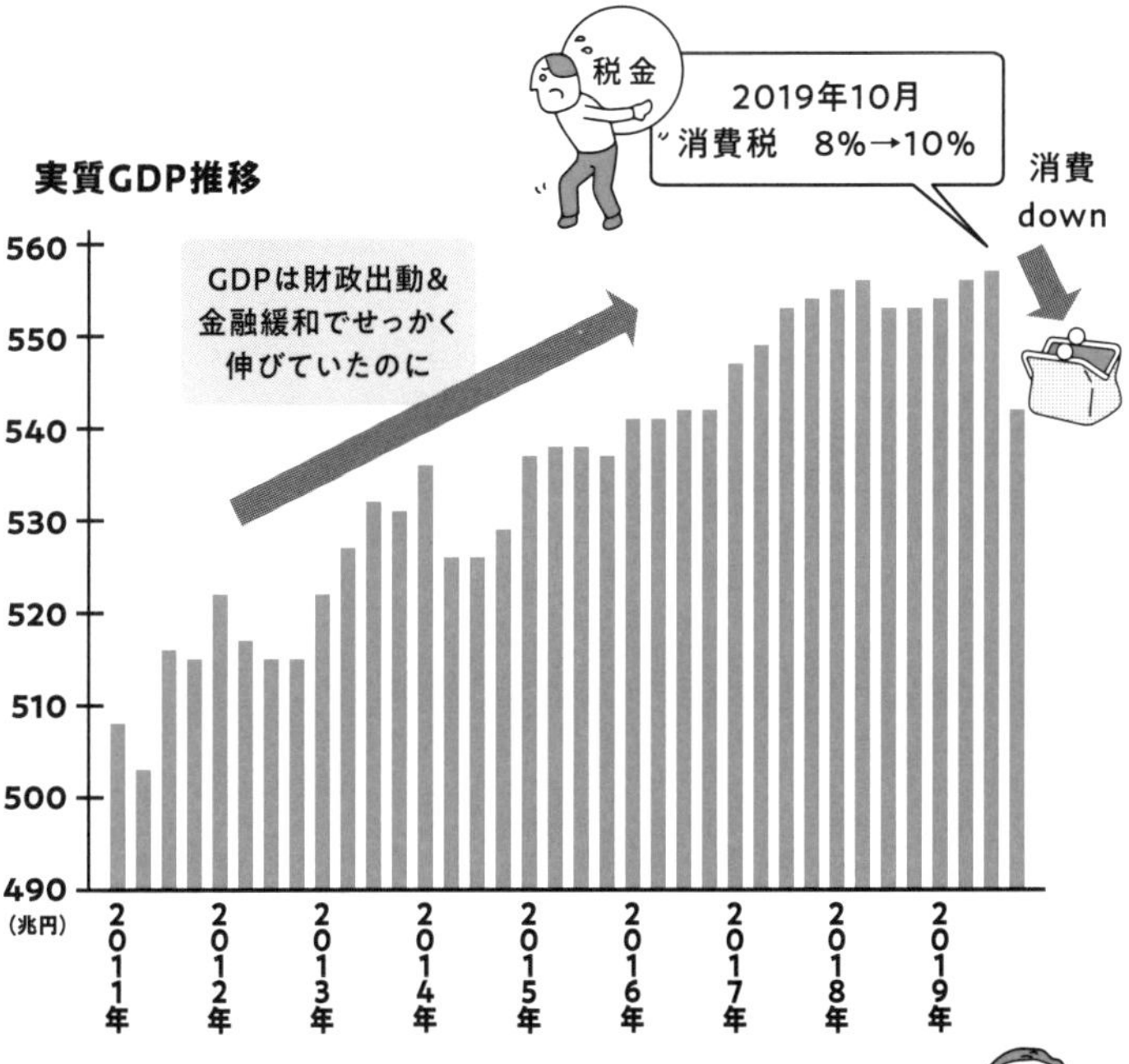
税金
2019年10月
消費税　8%→10%
消費
down
実質GDP推移
GDPは財政出動&
金融緩和でせっかく
伸びていたのに
560
550
540
530
520
510
500
490
(兆円)
2011年
2012年
2013年
2014年
2015年
2016年
2017年
2018年
2019年

出典：内閣府「国民経済計算（GDP統計）」のデータをもとに作成

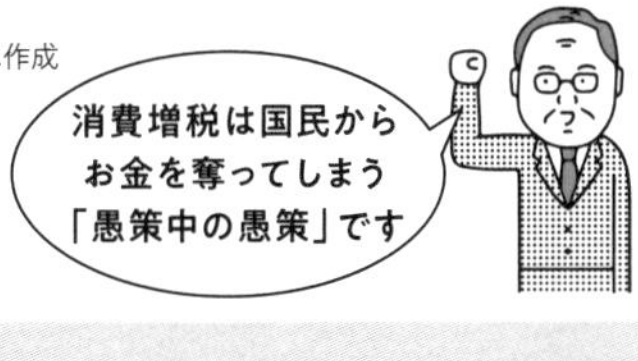
消費増税は国民から
お金を奪ってしまう
「愚策中の愚策」です

KEYWORD

消費税 …… 商品やサービスに対して課される税。諸外国の付加価値税に相当する制度で、1989年に導入された。

アベノミクスとはいったいなんだったのでしょうか？

デフレから脱却し歴史的な偉業になるはずだった

マスコミや学者などからは、何かと批判されることの多いアベノミクスですが、ここまで解説してきた経済政策の知識をもとに、今一度その中身について検証してみましょう。

アベノミクスは、**①大胆な金融政策、②機動的な財政政策、③民間投資を喚起する成長戦略**という**「3本の矢」を柱とする経済政策**で、その最大の特徴は、日本史上初めて金融政策をその筆頭に掲げた点です。

それまでの日本は、先進国の中では当たり前とされていた金融政策を軽視し、財政政策に比重のほとんどを置いた結果、長期にわたる経済停滞を招いていました。「マンデル＝フレミングモデル」を理解した今、いかにアベノミクス以前の日本が馬鹿げた経済政策を行っていたのかがよくわかるでしょう。

アベノミクスの「大胆な金融政策」の目的は非常にシンプルなもの。要は、**デフレからの脱却**です。日本の経済停滞の根本原因であるデフレから脱却することで、他の先進国と同等の経済成長を日本でも達成しようとしたのです。

デフレとは、お金がモノの増えるペースに追いつかなくなり、相対的にモノの価値が低くなった状態ですから、そこから脱却するためには、モノが増えるペースに合わせてお金を増やす必要があります。そこで、アベノミクスでは異次元の**量的緩和**によってマネタリーベース（世の中にあるお金の量）を増やし、**お金の量とモノの量のバランスを調整**したのです。

POINT
日本史上初めて金融政策を筆頭に掲げた経済政策

お答えしましょう!

先進国では常識とされる金融政策を行い、経済停滞の根本要因であるデフレからの脱却を狙ったものでした。

■アベノミクスの基本は「お金」と「モノ」のパイを増やすこと

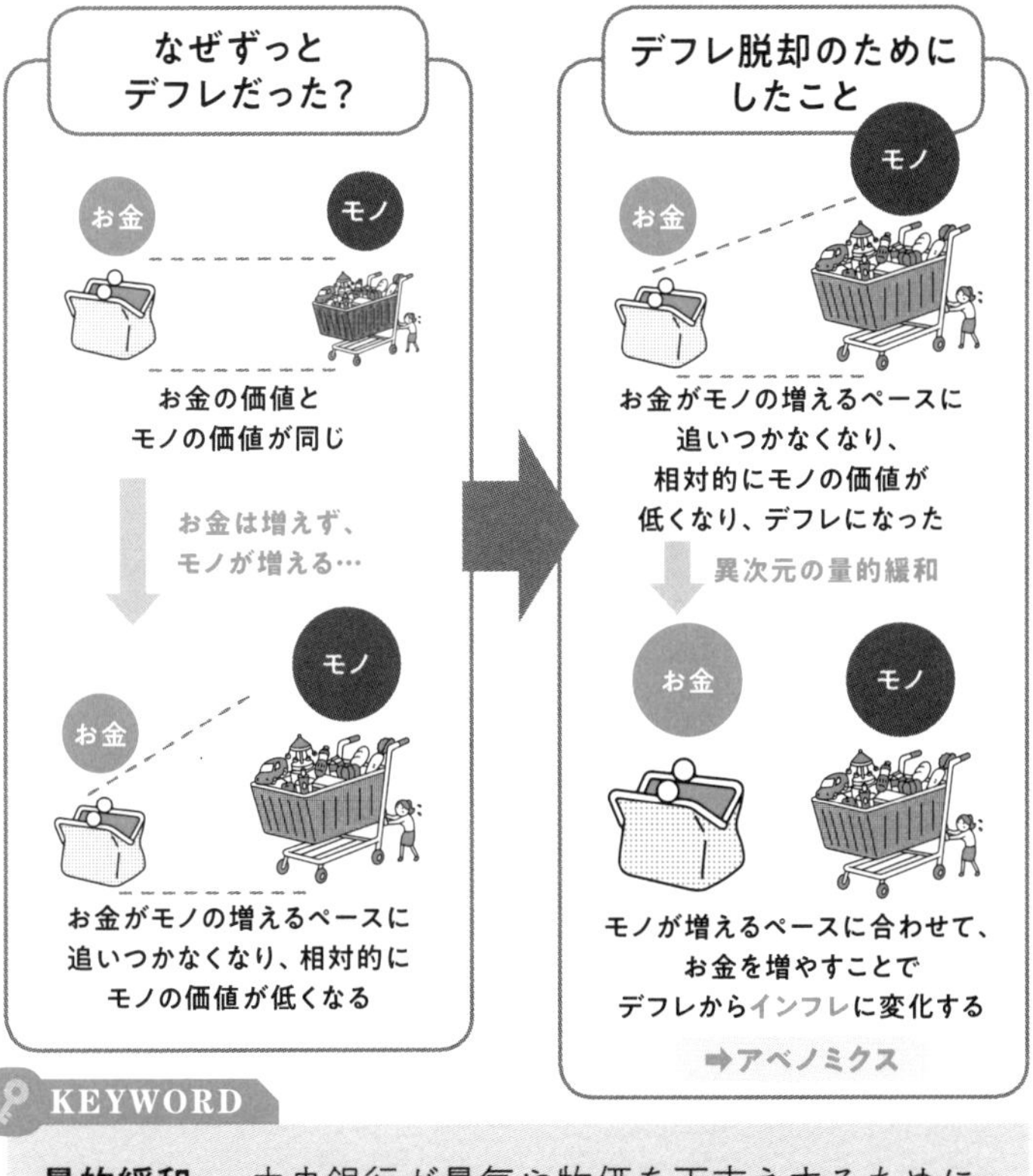

なぜずっとデフレだった?
お金
モノ
お金の価値とモノの価値が同じ
お金は増えず、モノが増える…
モノ
お金
お金がモノの増えるペースに追いつかなくなり、相対的にモノの価値が低くなる
デフレ脱却のためにしたこと
モノ
お金
お金がモノの増えるペースに追いつかなくなり、相対的にモノの価値が低くなり、デフレになった
異次元の量的緩和
お金
モノ
モノが増えるペースに合わせて、お金を増やすことでデフレからインフレに変化する
➡アベノミクス

KEYWORD

量的緩和……中央銀行が景気や物価を下支えするために、市場に流通するお金の量を増やす金融緩和政策。

アベノミクスは成功したといえるでしょうか？

POINT

目的は景気と雇用の回復。失業率を見ることが肝心

金融政策が雇用を増やし設備投資を促進した

量的緩和をすると、その結果、デフレはインフレに、円高は円安に転じます。インフレになると、企業の売上高が増加すると予想できるので、企業の価値である株価も上昇します。さらに、企業の業績が回復し、株価が上がると、消費も増えていきます。このように、金融緩和の効果は、次々と経済に連鎖・波及して景気や雇用の回復へとつながっていくのです。

アベノミクスの功績は、統計上の数字を見てもあきらかです。たとえば、雇用に関するデータを見ると、失業率は2012年の4・3%から2019年は2・4%と約2%の低下、就業者数は12年の6280万人から2019年は6724万人と444万人も増加しました。

統計をとり始めて以降、歴代の29政権のうち、失業率を下げ就業者を増やしたのは10政権だけ。その中で安倍政権は失業率を1番下げ、就業者数は2番目に増やすという実績を残しています。アベノミクスが多くの失業者を救ったことは数字上でもあきらかなのです。

また、民主党政権の時代と比べると、**就業者数、正規・非正規雇用者の増加数、名目賃金など、さまざまなデータが劇的な回復を見せています。**

安倍元首相は「金融政策は雇用政策である」ということを理解したうえで、金融政策は将来の投資、つまりモノなら設備投資、ヒトならば雇用と考えたのです。まさに「**政策の方向性は正しかった**」と、改めて評価することができます。

お答えしましょう!

政策の方向性が正しかったことは、失業率の改善など、さまざまな数字を見てもあきらかです。

■アベノミクスの評価

物価安定の目標「2%」 △	円安・株高誘導 (景気回復のため) ◎
雇用の安定 ◎	景気回復・デフレ脱却 △

■日本の失業率の推移

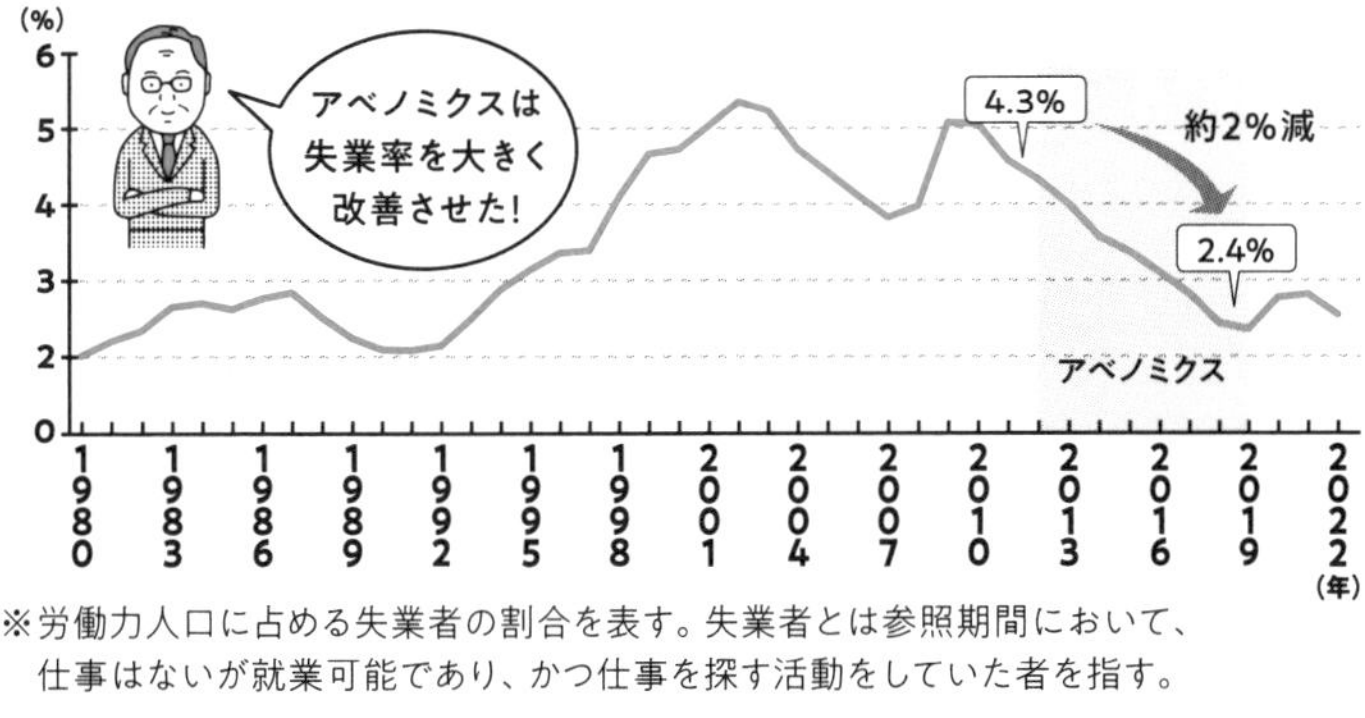

※労働力人口に占める失業者の割合を表す。失業者とは参照期間において、仕事はないが就業可能であり、かつ仕事を探す活動をしていた者を指す。

出典:総務省統計局「労働力調査」をもとに作成

KEYWORD

アベノミクス……「3本の矢」を柱とする金融政策で、デフレからの脱却や日本経済の長期的な成長を目指した。

とはいえ、インフレ率2％の目標は達成できなかったけどいいの？

POINT
インフレ目標は手段。目的は雇用の安定と失業率低下

インフレ目標の導入は安倍政権の功績

マスコミやエコノミストの中には「アベノミクスは後半に失速し、日本は低成長を脱することができなかった」と批判する人もいます。こうした主張の多くは、アベノミクスがインフレ目標2％を達成できなかったことを根拠にしているようですが、まったくの見当違いです。

そもそも、インフレ目標とは、最低の失業率を目指すときに、ハイパーインフレにならないように、ギリギリ許容できる最低のインフレ率のこと。アベノミクスで完全雇用（日本では失業率2％程度）を達成したとき、インフレ率が2％になっていないなら、それは**インフレが健全に進んだ証拠**であり、むしろ喜ぶべきことなのです。

金融緩和と雇用対策の間には密接な関係が存在するため、たとえば米国の場合、雇用統計の解説はFRB（連邦準備理事会）に求めます。ところが日本では、雇用の話題はなぜか厚生労働省の管轄です。**金融政策によって物価と雇用の安定が期待できること**を、マスコミを含めて理解できている人が少ないようです。

128ページでも説明したとおり、消費増税さえなければ、アベノミクスの効果はさらに連鎖・波及し、今頃は日本の景気は大きく回復していたはずです。そうした事実に目を背け、整合性に欠けたアベノミクス批判を繰り返すマスコミや一部の学者には辟易しますが、本書で正しいロジックを身につけたあなたなら、そうした言説に騙されることはもうないでしょう。

お答えしましょう!

「インフレ目標2%」の先の目標であった雇用の安定と失業率の低下を達成しているのですから、問題はありません!

■アベノミクスが目指した好循環

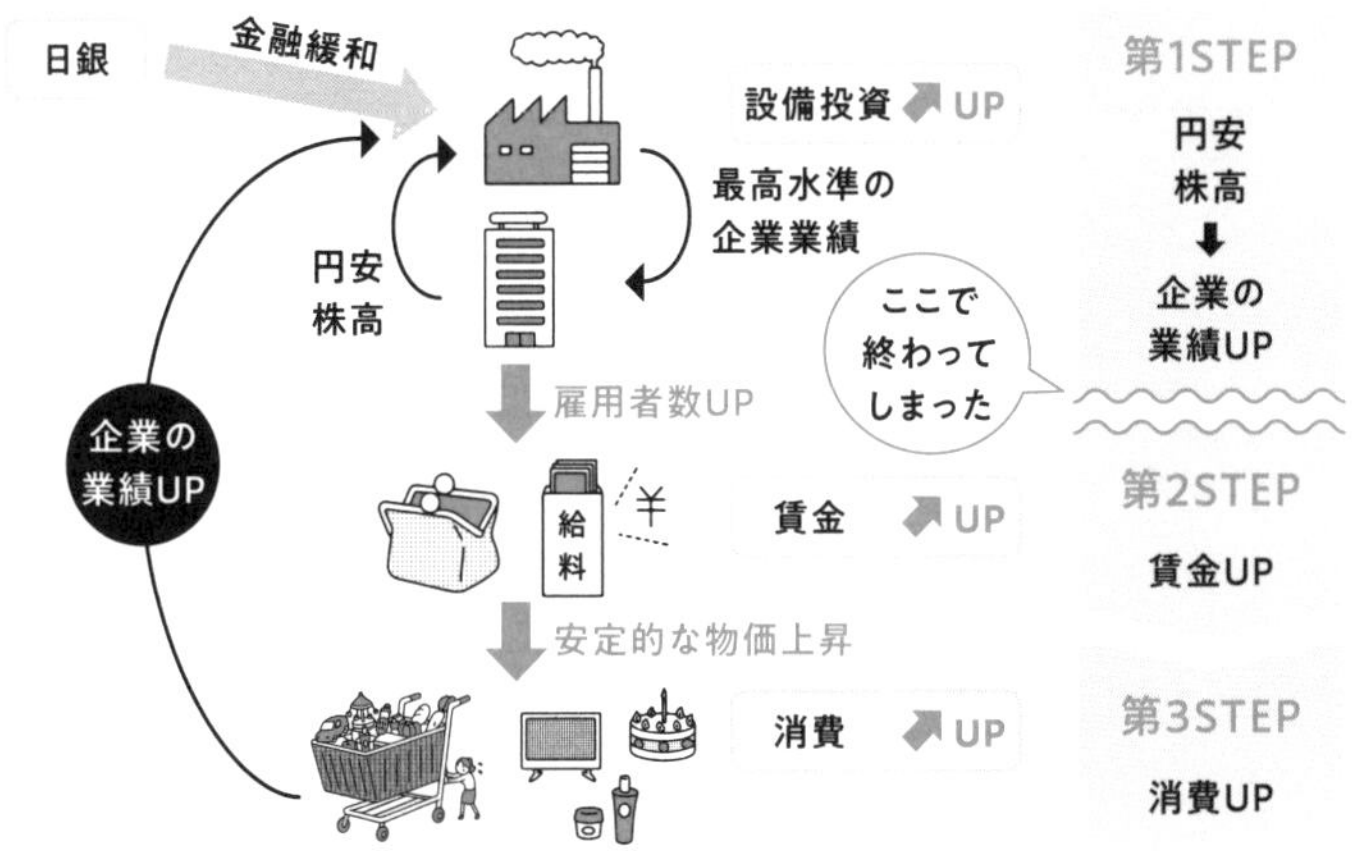
日銀
金融緩和
設備投資 UP
最高水準の
企業業績
円安
株高
企業の
業績UP
雇用者数UP
ここで
終わって
しまった
給料
賃金 UP
安定的な物価上昇
消費 UP
第1STEP
円安
株高
企業の
業績UP
第2STEP
賃金UP
第3STEP
消費UP

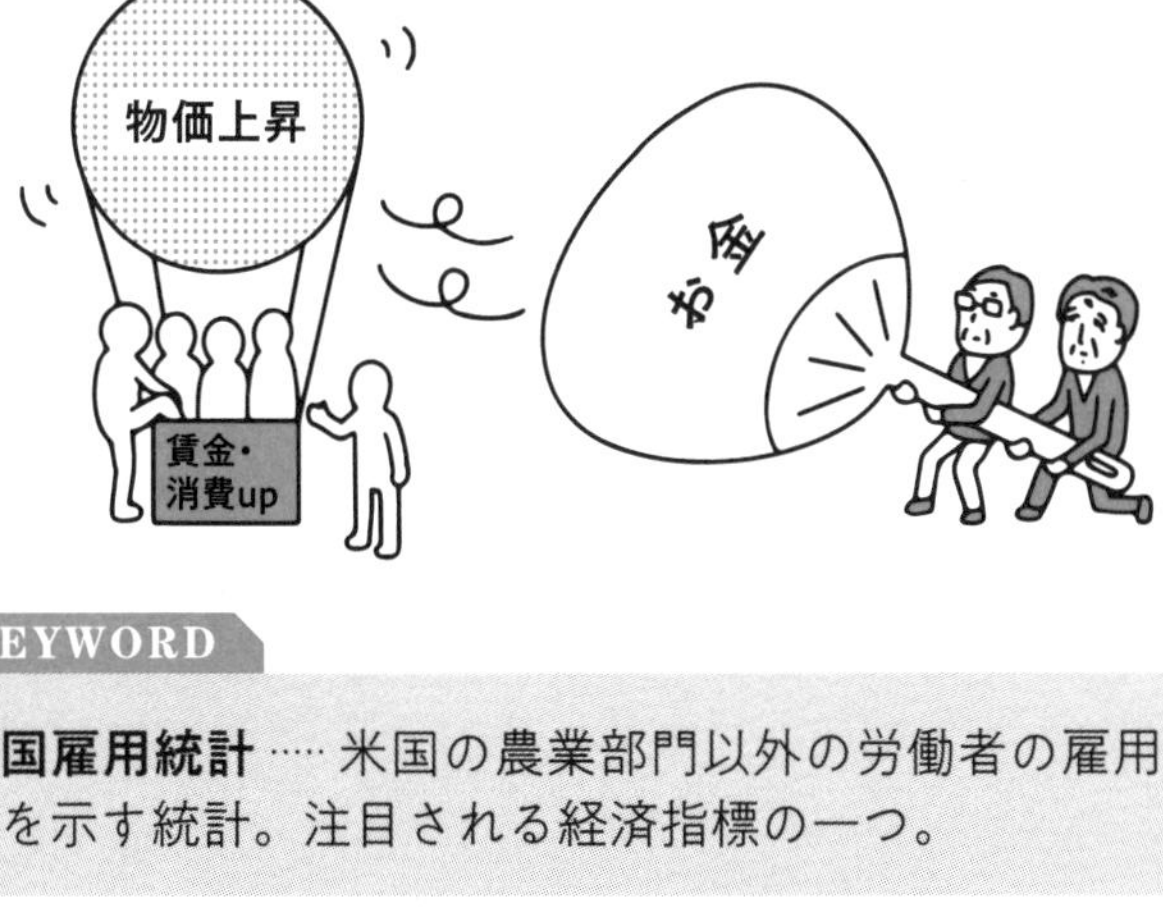
物価上昇
賃金・
消費up
お金

KEYWORD

米国雇用統計 …… 米国の農業部門以外の労働者の雇用状況を示す統計。注目される経済指標の一つ。

コロナショック　120ページ

新型コロナウイルス感染症が世界的に流行し始めた2020年2月末ごろから3月にかけて始まった、世界的な株価の大暴落。

マンデル＝フレミングモデル　120ページ

政府による「財政政策」と日銀による「金融政策」の2つは、変動相場制においては単独ではなくセットで行うことで効果が得られるということを示した経済理論。固定相場制であれば財政政策のみでも効果があるとしている。

変動相場制　120ページ

市場での需給に応じて為替レートを自由に変動する制度。日本では1971年のニクソンショックを契機に、1973年から変動相場制に移行。

減税　122ページ

税金負担額を軽減すること。所得税の税率引き下げのように減税効果が納税者全体に及ぶものは「一般減税」、特定の分野の納税者だけが対象のものは「政策減税」という。

公共事業　122ページ

国や自治体・公共団体などが公共の利益や福祉のために行う事業。学校・図書館・公園・病院の建設、道路・上下水道の整備など。

固定相場制　126ページ

各国政府間で為替レートを固定もしくは極小幅に維持する制度。為替の差損益が発生せず安定的に利益を確保できる一方で、長期的には適正レートから乖離していくというデメリットもある。

景気動向指数　128ページ

内閣府が毎月公表している経済指標の1つで、産業、金融、労働など、経済に重要かつ景気に敏感とされる30項目の景気指標をもとに指数が算出される。景気の現状を総合的に把握したり、将来の動向を予測したりするときに使われる。

消費増税　128ページ

2019年10月1日に8%から引き上げられ、現在の標準税率は10%。ただし、お酒・外食を除く飲食料品と定期購読契約が締結された週2回以上発行される新聞の購入などには軽減税率8%が適用される。

量的緩和　130ページ

中央銀行が市場に供給するマネタリーベースなどの量を増やすことで、物価の安定や景気回復を図る金融政策。日本では2001年3月に初めて導入された。

就業者数　132ページ

総務省の労働力調査（2022年）によると、日本の就業者数は6723万人で、前年同月に比べ10万人の増加。完全失業者数は179万人。前年同月に比べ16万人の減少。

インフレ目標　134ページ

デフレからの脱却、物価安定に向けて、2013年から日銀は消費者物価指数の前年比上昇率2%を目標に掲げてきた。2022年4月、エネルギーや食料品の値上がり等を背景にこの目標を上回った。

米国雇用統計　135ページ

アメリカの雇用情勢を月1回公表する統計。失業率、雇用者数、週平均労働時間、平均時給など計10数項目の指標が発表される。

第7章

「国債」を大量に発行して日本は大丈夫なんですか？

「日本は大量の国債を発行をして財政難に陥っている」とはよく耳にする国債批判の言葉です。しかし、実際は国債を発行することによって、経済が回っていることをご存知でしょうか？　どうして国債は「悪」だと思われているのか、あなたの誤解を解きましょう。

1 日本は借金まみれでいずれ財政破綻するといわれているけど大丈夫？

POINT
国債という「政府の借金」は、個人の借金とは異なる

「国債＝借金＝悪」という思い込みは間違い

「**日本はいずれ財政破綻する**」という話は誰もが耳にしたことがあるでしょう。この「**日本財政破綻論**」は、財務省やマスコミを中心に長年にわたって叫ばれてきました。

日本財政破綻論者たちは、日本の国債発行額が1000兆円にも上っていることを問題視し、このままいけば日本の財政は破綻すると主張します。しかし、こうした主張に反して、現実には日本が財政破綻する兆しは一向にありません。その事実が示すとおり、国債によって日本の財政が破綻するなんて話はまったくのデタラメなのです。

こうしたデタラメが横行する背景には「国債＝借金＝悪」という思い込みがあります。しかし、**国債という「政府の借金」を「個人の借金」と同一視し、「国債＝悪」と決めつけるのはあまりにも短絡的**です。

政府が国債を発行するのは、企業がお金を借りるのと同じこと。企業が銀行から融資を受けて経営をするのと同様に、政府も国債を発行して国家を運営しているのです。政府が国債を発行しなければ、予算を減らすか税収でまかなうしかありません。そうなれば、緊縮財政と増税によって国民の生活はより苦しくなります。つまり、国債は国家運営に必要なのです。

次ページでも解説しますが、**デフレに苦しむ日本経済を回復させるためには、むしろもっと国債を発行するべき**ともいえます。国債を悪者にして財政破綻の危機を煽る人々にだまされてはいけません。

お答えしましょう!

日本財政破綻論はまったくのデタラメ。「国債=悪」という印象操作に騙されてはいけません。

■国債を知るには「合成の誤謬(ごびゅう)」を知ることが大切

個人
将来が不安 ➡ 貯蓄・節約
ミクロ(個人)では正しい行動
国
景気が悪化 ➡ 緊縮財政や増税
増税
マクロ(社会全体)では望ましくない行動
個々のレベルでは正しい対応をしても、経済全体で見ると悪い結果をもたらすことを経済学では「合成の誤謬(ごびゅう)」といいます
国債を個人の借金と同一視してはいけないんですね!

KEYWORD

国債……国の発行する債券。発行は、法律で定められた根拠に基づいて行われる。

国債を発行すると、その後どうなるの？

POINT
政府は足りない予算を国債で補っている

国債発行と量的緩和はデフレ脱却の特効薬

政府が国債を発行するのは、1年の予算が決まったときです。政府の財布には、法人税や所得税、消費税などの税金が入りますが、税収だけで予算が足りることはほとんどありません。そこで、国会の予算委員会で予算が成立したタイミングで、税収で不足していた部分を、国債を発行することで補います。

政府が発行した国債は、基本的に銀行や信用金庫、証券会社などの民間金融機関に売られ、その代金が予算に使われます。また、民間金融機関は**半年に1度利子の支払いを受けます**。

一方、政府の銀行である**日銀が政府から直接国債を買うことは「日銀引受け」**と呼ばれ、基本的には禁じられています。とはいえ、限定的な規模にとどまっているものの、毎年行われているのが実状です※。

では、**日銀はどうするのかというと、民間金融機関が持っている国債を時価で買うのです。**この売買は「**量的緩和**」と呼ばれ、金融緩和政策の一環として行われます。

日銀が民間金融機関から国債を買うと、その代金は金融機関が日銀に持っている「日銀当座預金」に振り込まれます。すると、金融機関は、国債の売却で得たお金で利子を生み出すために、企業などに積極的に資金を貸し出すようになるのです。

その結果、世の中に出回るお金の量がモノより多くなるため、経済はインフレ化します。**デフレ不況に苦しむ日本では、「量的緩和」が景気回復の特効薬となる**のです。

※財政法第5条に基づく

お答えしましょう!

国債は民間金融機関などに買われ、さらに量的緩和を行うことによって、世の中にお金が出回るのです。

■100億円の国債を発行した場合どうなる?

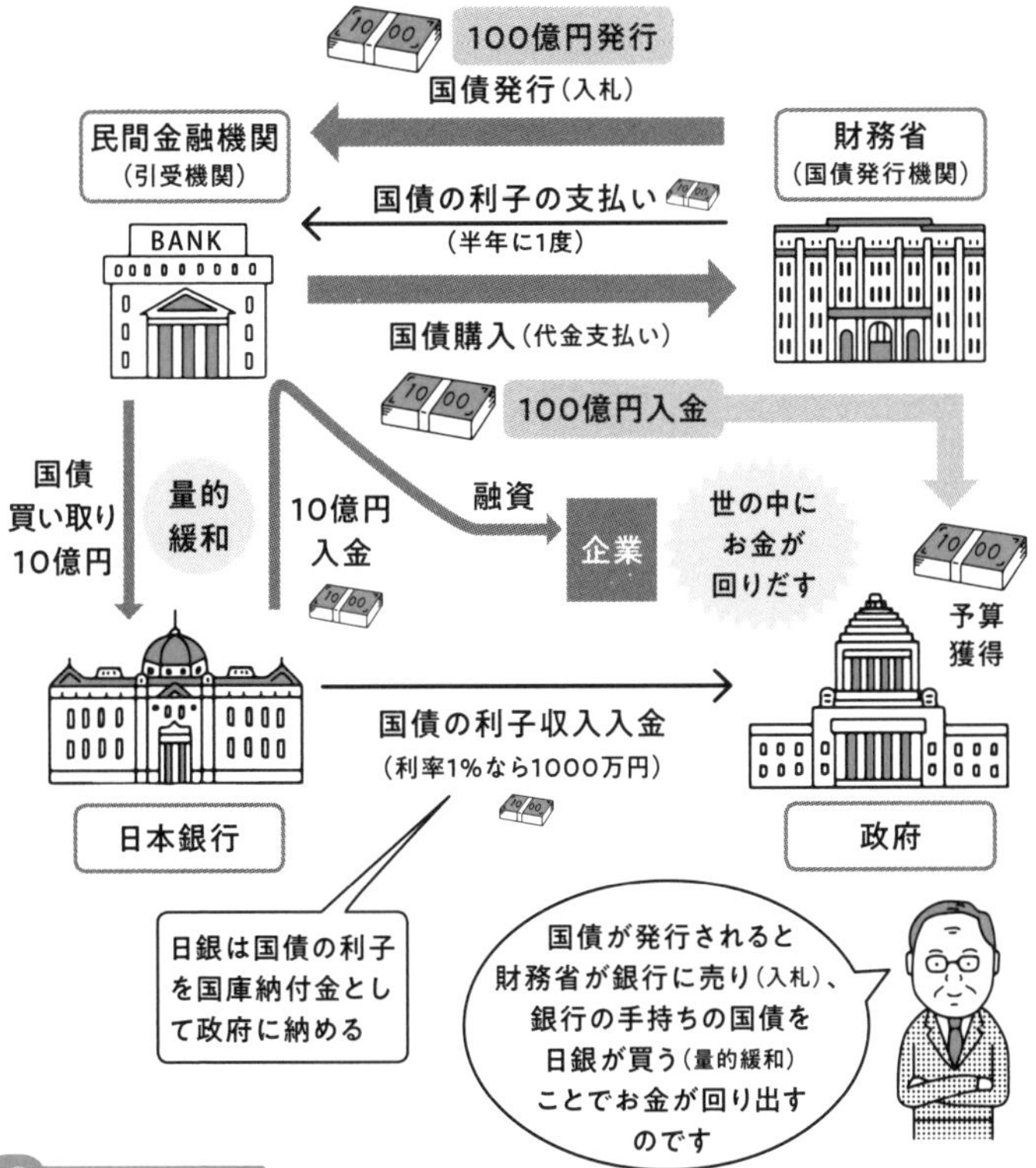

100億円発行
国債発行(入札)
民間金融機関
(引受機関)
財務省
(国債発行機関)
国債の利子の支払い
(半年に1度)
BANK
国債購入(代金支払い)
100億円入金
国債
買い取り
10億円
量的
緩和
10億円
入金
融資
企業
世の中に
お金が
回りだす
予算
獲得
国債の利子収入入金
(利率1%なら1000万円)
日本銀行
政府
日銀は国債の利子を国庫納付金として政府に納める
国債が発行されると財務省が銀行に売り(入札)、銀行の手持ちの国債を日銀が買う(量的緩和)ことでお金が回り出すのです

KEYWORD

日銀引受け …… 日本銀行が政府から国債を直接購入すること。長期国債では禁止されている。

国家予算の22%を占める国債費、多すぎませんか?

お答えしましょう!

現在の国債費の割合はまったく問題ありません。利払い、償還ともに十分まかなえます。

■ 一般会計歳出(出ていくお金)

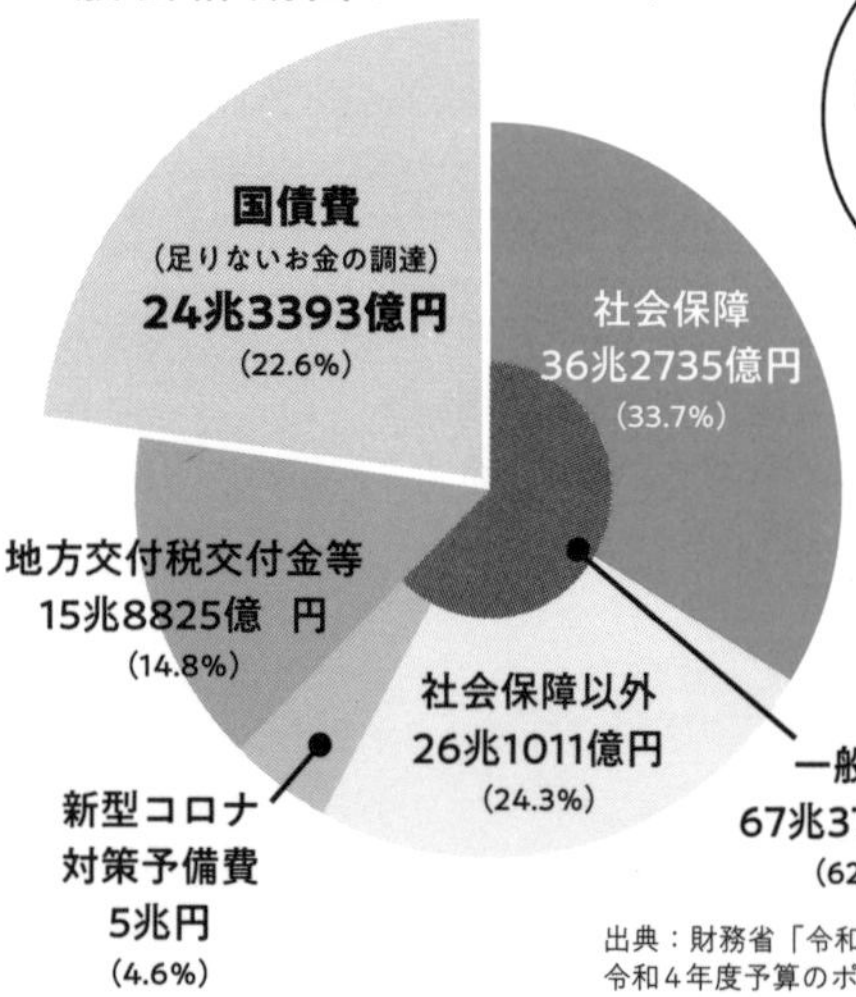
国債費
(足りないお金の調達)
24兆3393億円
(22.6%)
社会保障
36兆2735億円
(33.7%)
地方交付税交付金等
15兆8825億 円
(14.8%)
社会保障以外
26兆1011億円
(24.3%)
新型コロナ
対策予備費
5兆円
(4.6%)
一般歳出
67兆3746億円
(62.6%)

出ていく
お金の中に
国債の利払いや
償還のための
お金も入って
います

出典:財務省「令和4年度予算政府案
令和4年度予算のポイント」をもとに作成

国債による借金返済は健全な経済循環の一部

上のグラフは、令和4年度の政府予算の概要を示したものです。「歳出(出ていくお金)」の内訳をみると、「一般歳出」が予算の大部分を占めている一方、国債の利払いや償還(元本の返済)に充当する「国債費」が22・6%を占めています。「やはり国債は日本の財政の大きな負担となっているのでは?」と思うかもしれません。しかし、大した問題ではありません。

実は、政府の子会社である日

POINT

借金を返すための借金も、国レベルでは問題なし!

■ 一般会計歳入（入ってくるお金）

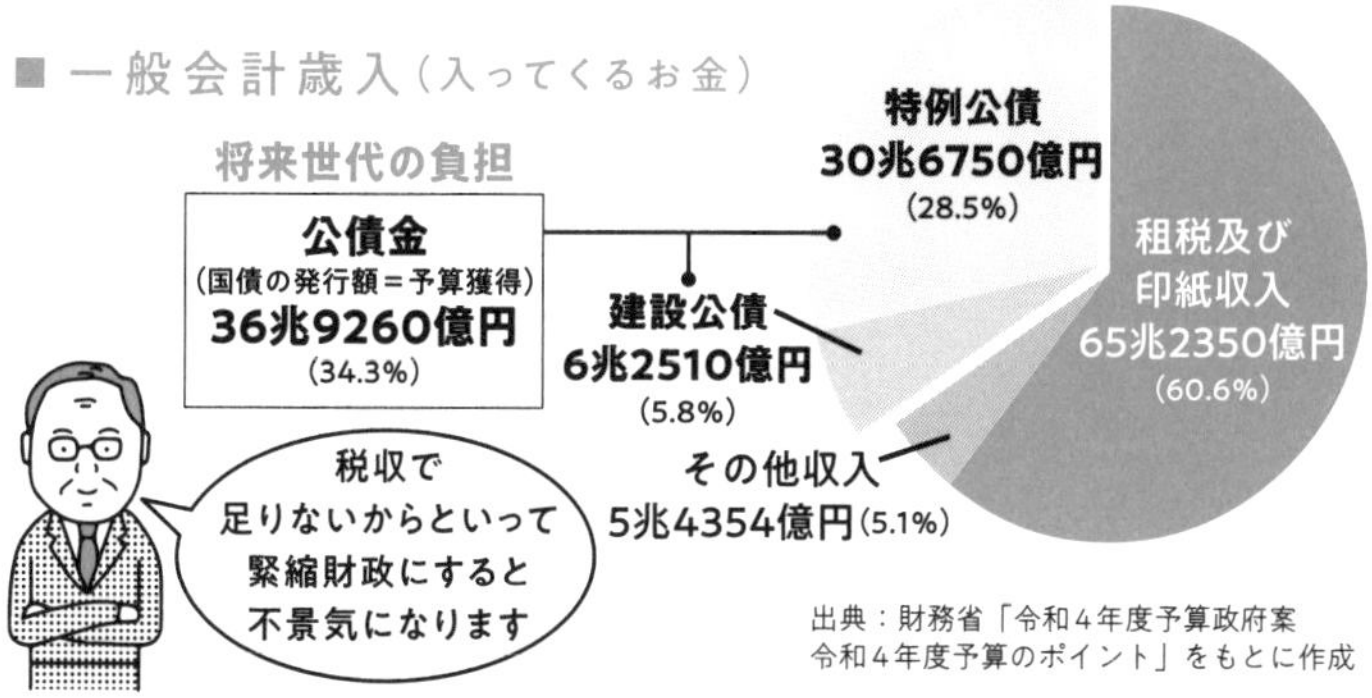
将来世代の負担
公債金
（国債の発行額＝予算獲得）
36兆9260億円
（34.3%）
特例公債
30兆6750億円
（28.5%）
建設公債
6兆2510億円
（5.8%）
租税及び
印紙収入
65兆2350億円
（60.6%）
その他収入
5兆4354億円（5.1%）
税収で
足りないからといって
緊縮財政にすると
不景気になります

出典：財務省「令和４年度予算政府案
令和４年度予算のポイント」をもとに作成

銀は国債の利子収入を国庫納付金として政府に納めています。この金額と政府の金融資産から生じる利子収入を合わせれば、**国債の利払い費はまかなえてしまう**のです（146ページ参照）。

一方、償還費は新たに国債を発行することでまかなえます。上の「歳入（入ってくるお金）」の内訳を見ると「公債金」という項目がありますが、これが国債の発行額です。「借金を返すために新たに借金をしては自転車操業と変わらないのでは？」という批判もありますが、**国レベルでは、借金を返すために借金をするのは当然のこと**なので、心配はいりません。

民間の金融機関は常に安全性の高い国債を買い入れており、償還と同時に国債を発行し続けても、財政破綻には陥りません。このような国債の償還と発行のサイクルは、政府と多くの民間金融機関の間で、常時ぐるぐると巡り、経済を活性化させているのです。

KEYWORD
償還……債券の保有者から預かった額面金額を払い戻しすること。

4

国債の発行は世の中のためになっている？

POINT

マクロ規模の道徳は個人レベルの道徳と相反することも

「悪者」どころか“円”の下の力持ち

国の経済を考える際に、個人レベルの道徳を持ち込んでしまう人は少なくありません。その典型例が「国債は借金なのだからなるべく発行しないほうがよい」と主張する人たちです。

しかし、道徳に沿って国債の発行を減らせば、政府の使えるお金は少なくなり、政府需要が圧縮されてしまいます。そうなると、政府需要によって行われる公共事業は減少し、結果として失業率の上昇を招くことになるのです。

国の政策としては、どちらを選択すべきか、もうおわかりですね。**国債発行を減らして政府需要を減らすよりも、国債を発行して雇用を生み出すほうが、よほど国民にとって有益かつ道徳的**だと思いませんか？　このように、マクロ規模の経済における道徳が、個人レベルの道徳と相反することは、しばしば発生するものなのです。

むしろ現在のようなデフレ経済では、政府が財政政策として国債をもっと発行すべきでしょう。**日銀が民間金融機関から国債を買う金融政策と合わせ技で国債を増発することで、世の中に出回るお金が増え、結果的に物価上昇につながる**のです。

国債は、金融市場における「コメ」のようなものであり、国の経済を回すために欠かすことのできないもの。一定量の国債がなければ、銀行も証券会社も、まともな金融取引は行えなくなります。**何かと悪者にされがちな国債が、実は国の経済を支えている**ということは覚えておくとよいでしょう。

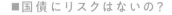

お答えしましょう！

国債は金融市場における「コメ」。国家経済を支えるうえで必要不可欠な存在なのです。

■国債にリスクはないの？

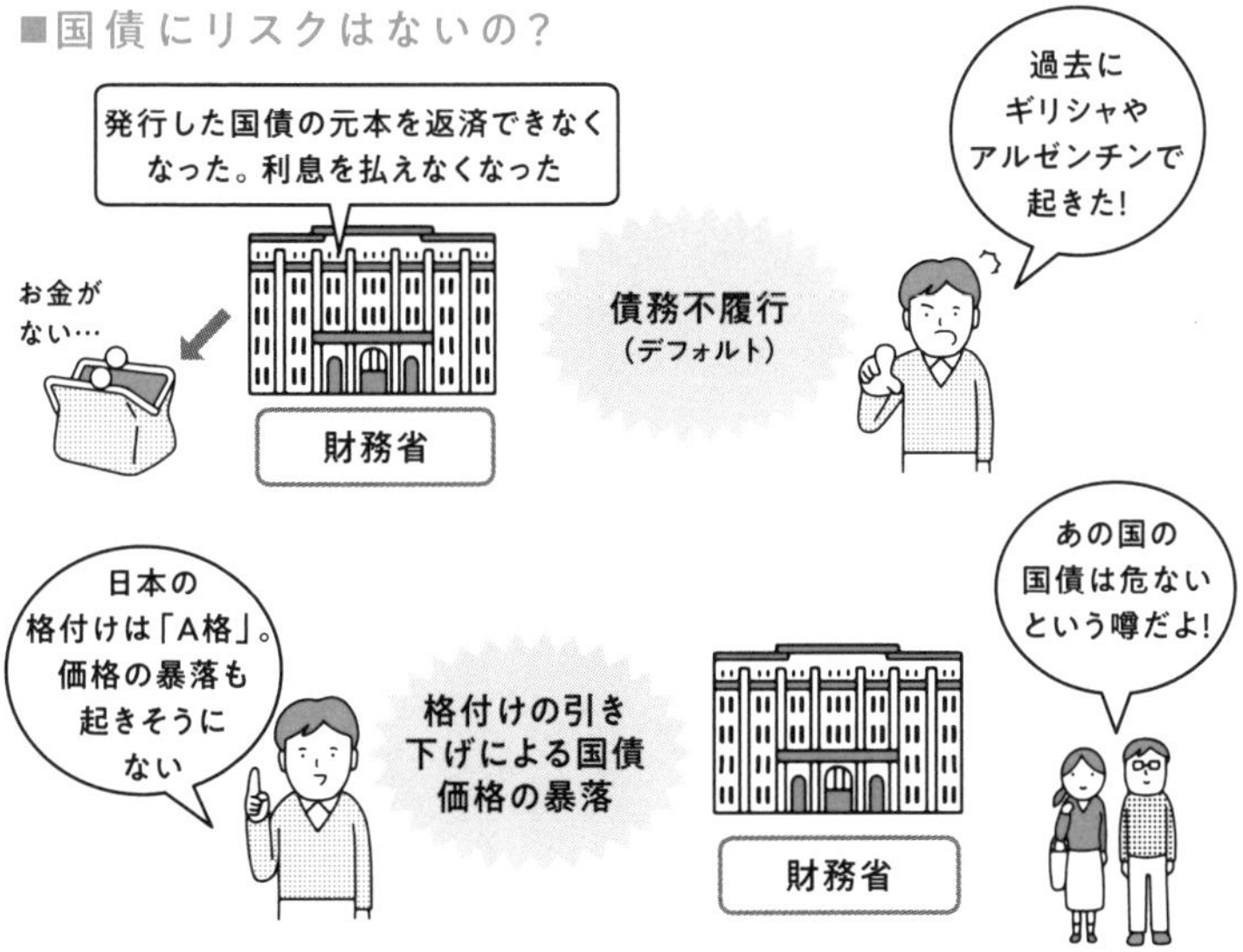

発行した国債の元本を返済できなくなった。利息を払えなくなった
お金がない…
財務省
債務不履行
（デフォルト）
過去にギリシャやアルゼンチンで起きた！
日本の格付けは「A格」。価格の暴落も起きそうにない
格付けの引き下げによる国債価格の暴落
財務省
あの国の国債は危ないという噂だよ！

国債発行にもリスクはある

国債の利払いや元金返済が滞ると「債務不履行」となります。そうでなくとも、信用力が落ちると、格付けの引き下げや買い手がつかず、価格暴落を引き起こすことも。

日本国債のマーケットの評価については154ページで解説しているよ

KEYWORD

政府需要 …… 総需要のうち、公共事業等によって政府が作り出す需要のこと。

正直なところ、日本の財政状況はどうなの？

POINT
バランスシートを見て財政状況を把握しよう

見るべきは統合政府バランスシート

とはいえ、「日本の財政状況は良くないのでは？」と心配する人も少なくないでしょう。そういう人たちに見てもらいたいのが、**バランスシート**です。

バランスシートとは、組織の資産と負債を1枚のシートにまとめたものです。企業なら必ず作る重要な書類で、1枚の表でその組織の財務状況を把握することが可能です。もちろん、国の財政状況も、バランスシートを見れば一発で把握することができます。

ただし、財務省が公表している「日本政府のバランスシート（左上図）」を参考にしてはいけません。これだけを見ると、負債が資産を大きく上回っており、あたかも日本が財政難であるかのように感じられますが、これはあくまで〝日本政府のみ〟のバランスシートです。

企業の場合、親会社と子会社は会計上も連結対象としてみることが常識ですが、これは国の財政状況を見る場合も一緒です。**政府に加えて政府の子会社である日銀の資産と負債を合わせて見なければ、国の財政状況を正確に把握することはできません。**

そこで、政府と日銀のバランスシートを合体させたものが「統合政府バランスシート（左下図）」です。これを見ると、負債が資産を上回ることはないとわかるでしょう。**親会社（日本政府）のみの数字だけ見せられ、虎の子の会社（日銀）を隠し持つ作戦**にだまされてはダメです。これが、日本の財政の実相なのです。

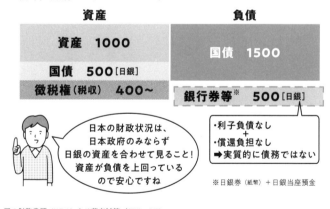

お答えしましょう！

財政状況はいたって健全なことは、統合政府バランスシートを見ればあきらかです。

■ 日本政府のバランスシート（除く日銀）

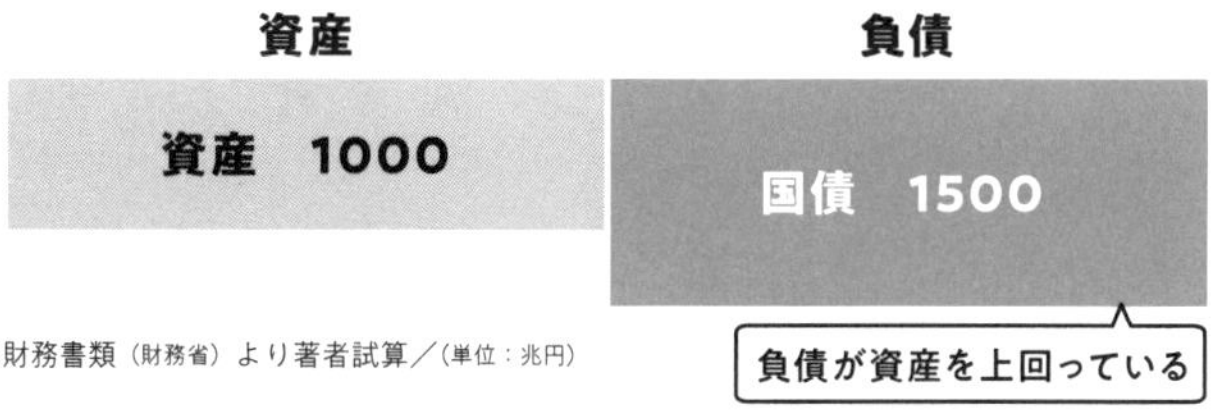
資産
負債
資産　1000
国債　1500
負債が資産を上回っている

国の財務書類（財務省）より著者試算／（単位：兆円）

■ 統合政府バランスシート（著者作成）

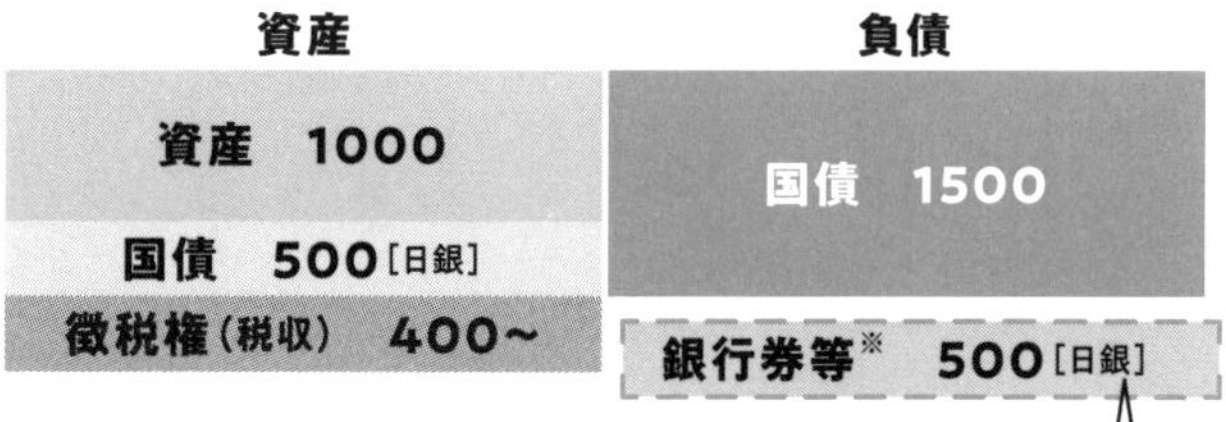
資産
負債
資産　1000
国債　500［日銀］
徴税権（税収）　400～
国債　1500
銀行券等※　500［日銀］
・利子負債なし
＋
・償還負担なし
➡実質的に債務ではない

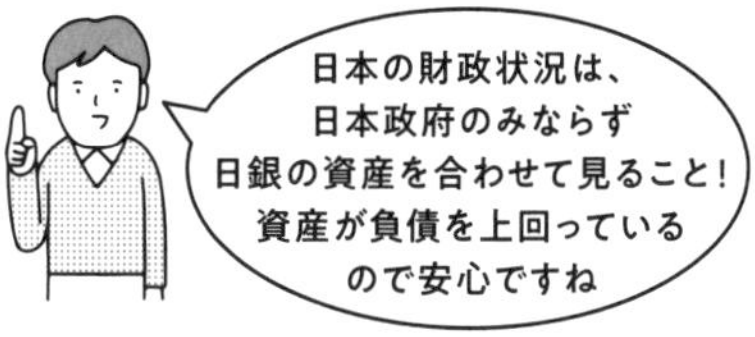
日本の財政状況は、
日本政府のみならず
日銀の資産を合わせて見ること！
資産が負債を上回っている
ので安心ですね

※日銀券（紙幣）＋日銀当座預金

国の財務書類（財務省）より著者試算／（単位：兆円）

KEYWORD

バランスシート……貸借対照表。決算時における資産と負債で財政状態がわかる。

国債は日銀にとっては「資産」ってホント？

POINT
政府の負債は日銀にとって利子収入を生む資産となる

政府の負債は日銀の資産を合算することで相殺される

「誰かの負債は、必ず誰かの資産になる」。この不変の法則は、当然ながら国債についても当てはまります。つまり、**政府の負債である国債は、日銀にとっては利子収入をもたらす資産となる**のです。

前ページの「統合政府バランスシート」を見ればわかるとおり、政府の国債による負債は、政府の資産と日銀の国債による資産を合算することで相殺されます。政府の「見えない資産」ともいえる徴税権（将来の税収）も加えると、資産が負債を上回る可能性が高いことは一目瞭然ですね。また、**日銀の負債である「銀行券等」は、利子負担がなく、償還（返済）の負担もないため、実質的には負債とはいえません**。そこまでわかると、「日本は財政難」なんてデタラメは口が裂けても言えなくなるでしょう。

会計学を少しでも理解している人であれば、彼らの主張がいかに的外れであるか、すぐわかるはずです。**世界では、国の財政状況を測る際に「統合政府バランスシート」を見ることは常識中の常識**です。そんな世界の潮流から取り残され、いまだに政府のバランスシートのみを公表し、財政難をアピールする財務省には呆れるばかりです。

そもそも、国債はもっと発行してもよいのです。現在国債の発行残高はGDPの250％くらいですが、そのうち半分ほどを日銀が保有しており、**世の中にお金が回り切っていない状態なのです。金融市場のコメを絶やしてはいけない**のです。

お答えしましょう!

国債は日銀にとっては利子収入をもたらす資産です。政府と日銀の会計は一体のものとみるべきなのです。

■日本はまだまだ「現金」が足りない!

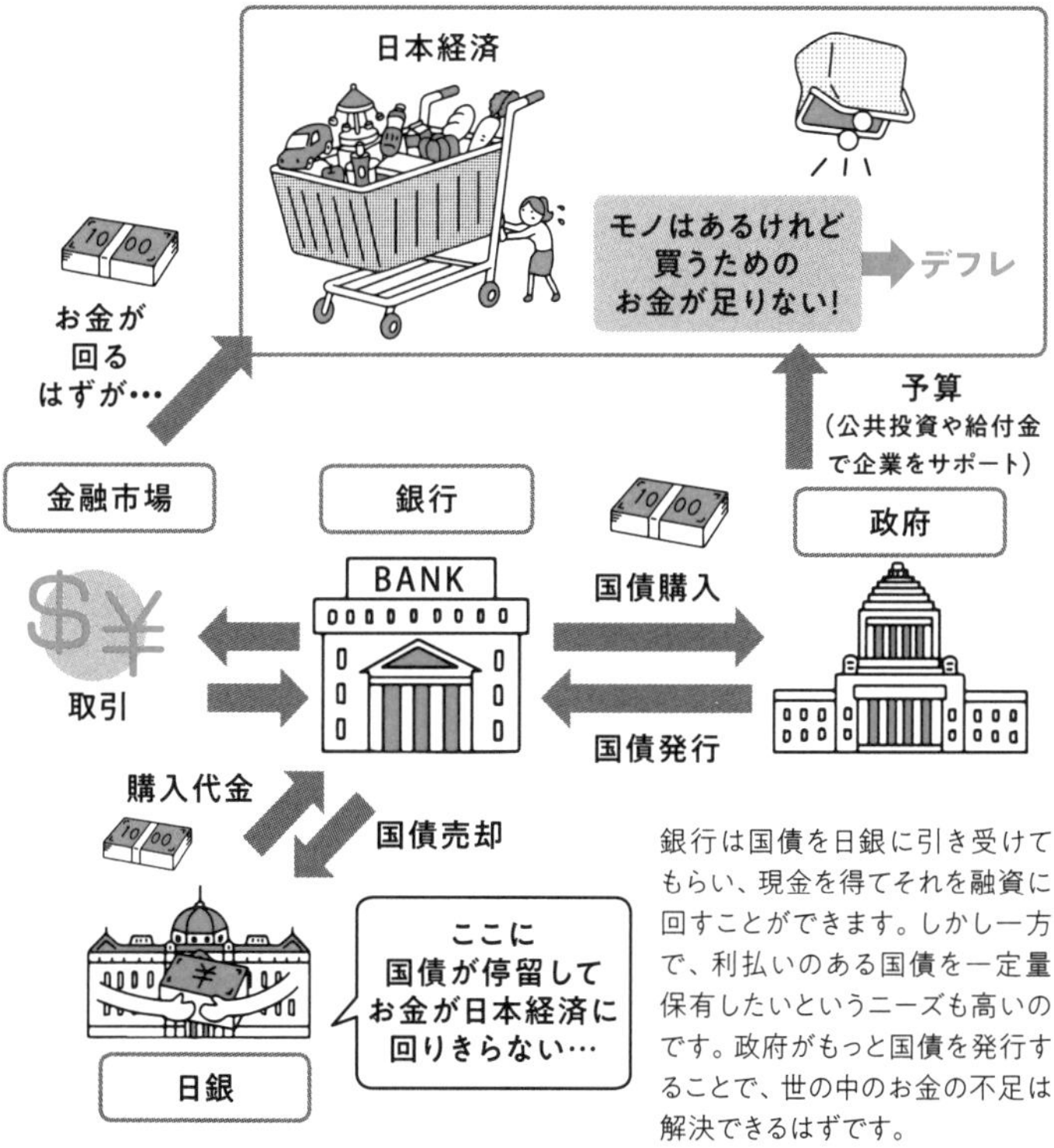

日本経済
モノはあるけれど買うためのお金が足りない!
デフレ
お金が回るはずが…
予算(公共投資や給付金で企業をサポート)
金融市場
銀行
政府
BANK
国債購入
取引
国債発行
購入代金
国債売却
ここに国債が停留してお金が日本経済に回りきらない…
日銀

銀行は国債を日銀に引き受けてもらい、現金を得てそれを融資に回すことができます。しかし一方で、利払いのある国債を一定量保有したいというニーズも高いのです。政府がもっと国債を発行することで、世の中のお金の不足は解決できるはずです。

KEYWORD

徴税権 …… 国が税金を徴収することができる権利。課税権に相当する法律に基づいて執行される。

7

財務省が「国の負債が大きいから増税が必要」というのはなぜ？

財政破綻を煽るのは財務省の思惑がある!?

「このままいけば日本はいずれ財政破綻する」と主張しているのは、実は財務省であることをご存知でしょうか。その裏には、「増税したい」という思惑があるのかもしれません。

増税による予算アップは財務省の手柄となるため、財務省がその分の予算配分をする際には、各省庁に恩を売ることができます。恩恵を受けた省庁は、その見返りとして自分の管轄する法人などに財務省からの天下りを認めます。つまり、増税は、財務省の将来の天下り先の確保につながるのです。

また、増税の際には必ずといっていいほど「例外措置」が設けられますが、どのような例外措置を設けるかは財務省のさじ加減ひとつで決まります。ここでも財務省は各業界に恩を売ることで、天下り先の確保を画策しているのです。

つまり、**財務省は「増税して予算規模を拡大することで各省庁・各業界に恩を売り、天下り先をより多く確保したい」という理由から、増税の機会を常に伺っている**と考えられるのです。

「統合政府バランスシート」を見れば、現在の日本の財政状況が正常であることはあきらかです。

しかし、それを認めてしまうと増税への機運が下がってしまうことを知っている**財務省は「国債＝借金＝悪」という刷り込みを行い、「国の負債が大きいから増税が必要」と日本の財政破綻の可能性を煽っている**のです。

POINT

予算を多く配分し各省庁をコントロール下に置きたい!?

お答えしましょう!

財務省は、各省庁・各業界に恩を売り天下り先を確保するために、常に増税を考えているのです。

■財務省の天下り先を確保するため

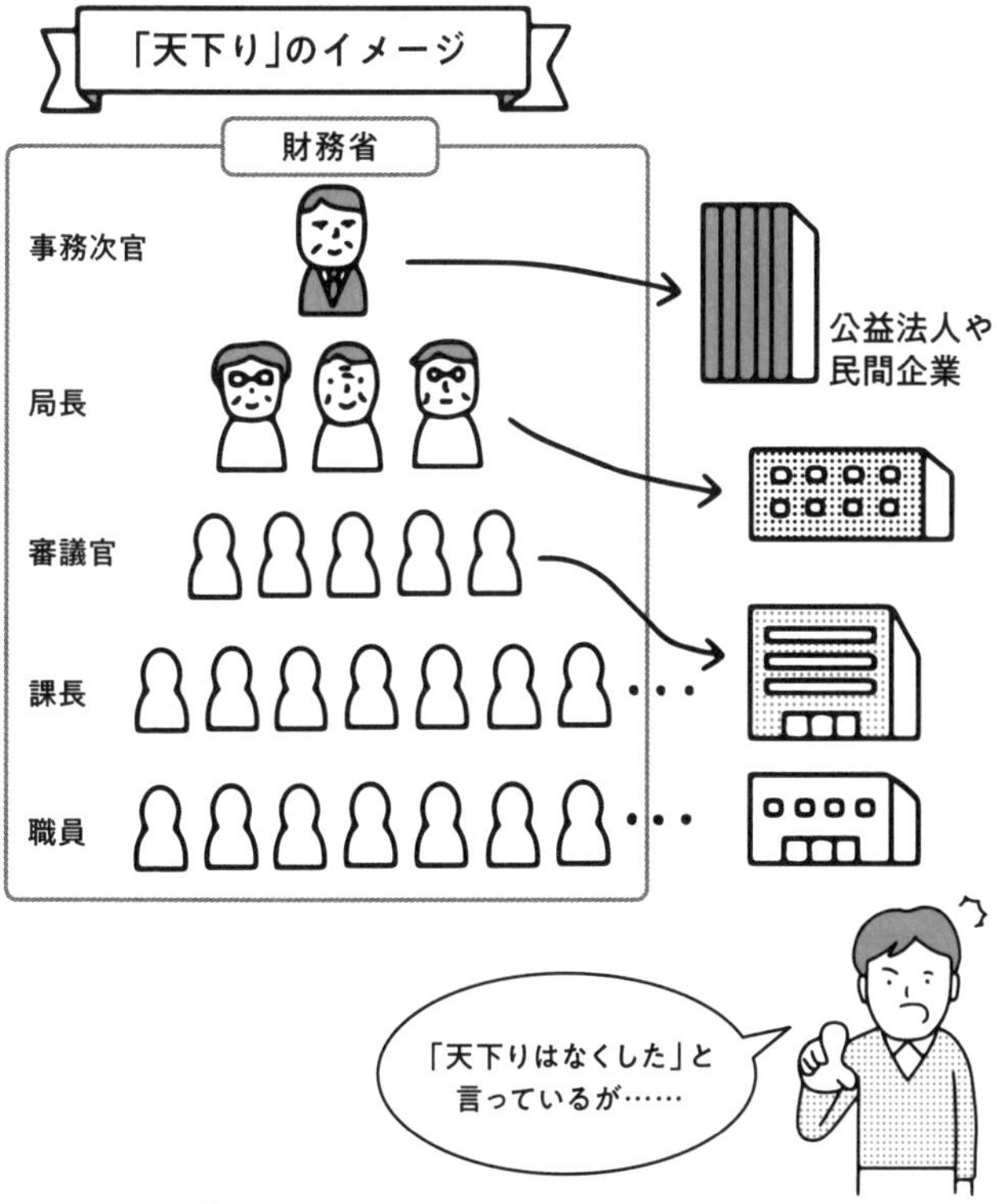
「天下り」のイメージ
財務省
事務次官
局長
審議官
課長
職員
公益法人や
民間企業
「天下りはなくした」と
言っているが……

KEYWORD

天下り …… 中央省庁を退職した職員が関係の深い企業、団体等に再就職すること。

8 東日本大震災の復興増税は賢明な政策といえる？

国債は使い方次第で将来への有効な投資に

財務省はあの手この手で増税の機会を画策していますが、個人の道徳や良心につけこむというのもお得意の手段です。

その典型例が、東日本大震災後の復興増税でしょう。財務省の「未曽有の災害に襲われた東北の人たちを救うために、国民全体で痛みを分け合い、増税を受け入れよう」というロジックにまんまと国中が乗せられた結果、すんなりと増税が実施されてしまったのです。

しかし、国全体の経済力を活性化させて被災地を支えなくてはならない状況下で、増税して消費を冷え込ませるなんて、本末転倒といわざるを得ません。

本当に災害復興を目指すなら、国債を発行するのがもっとも効果的です。それも、100年債や500年債といった超・長期国債がよいでしょう。こういうことをいうと「借金を後世に押し付けるのか」というお決まりの批判が上がりますが、**100年に一度レベルの未曽有の災害に対しては、世代間で痛みを分け合い、復興財源を出し合うというのが、本来の条理**です。

さらにこの「復興増税」を新たな増税の手段に使ってきたのが、2022年12月に発表した「**税制改正大綱**」の「防衛増税」です。

突然、「防衛予算積み増し」をいい出し、その費用として目をつけられたのが、**2037年までの時限措置として設けられたこの復興増税でした。所得税の2・1%のうち、約半分を復興費用、約半分を防衛費用に分けて徴税する**としています。

POINT

増税では消費が冷え込む。経済が活性化する政策が◎

お答えしましょう!

本当に災害復興を目指すなら、復興税よりも国債発行を優先すべきなのはあきらかです。

■一度決まった増税はそのまま恒久化していく

2022年12月の税制改正大綱で新たに「防衛増税」を提唱

防衛力強化の財源確保のため、法人税・所得税・たばこ税の3税目で増税へ

法人税	所得税	たばこ税
・法人税額に4～4.5%の付加税 ・中小企業に配慮し、500万円の税額控除	・所得税額に当分の間、1%の新たな付加税 ・復興特別所得税を1%引き下げ予定、課税期間を延長。延長期間は改めて検討	・1本あたり3円相当を段階的に引上げ

「2024年以降の適切な時期」に増税　➡2027年度に1兆円強を確保

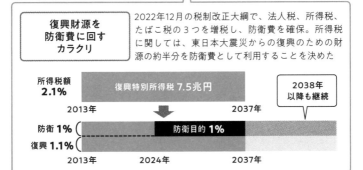

復興財源を防衛費に回すカラクリ

2022年12月の税制改正大綱で、法人税、所得税、たばこ税の３つを増税し、防衛費を確保。所得税に関しては、東日本大震災からの復興のための財源の約半分を防衛費として利用することを決めた

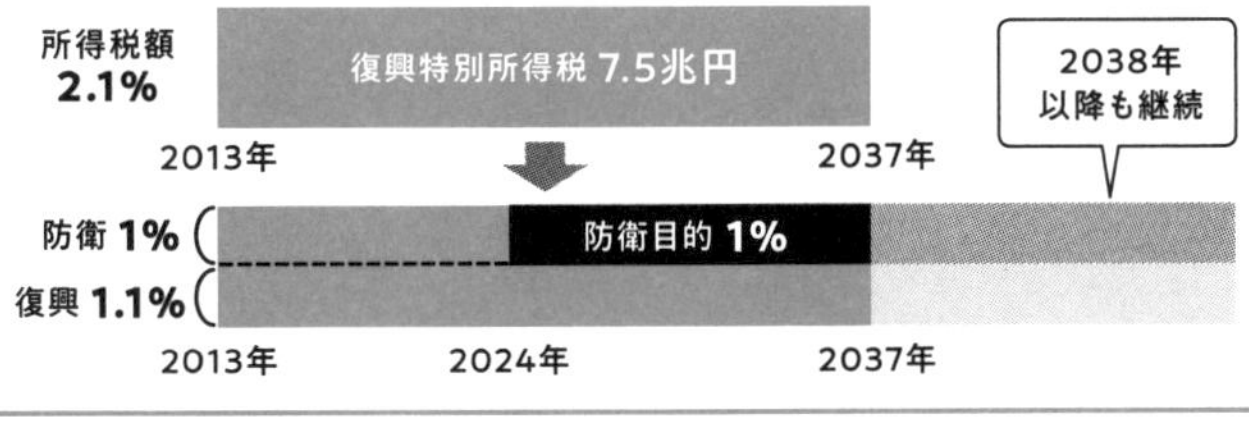

所得税額
2.1%
復興特別所得税 7.5兆円
2013年
2037年
2038年
以降も継続
防衛 1%
防衛目的 1%
復興 1.1%
2013年
2024年
2037年

KEYWORD

復興増税……東日本大震災からの復興施策に必要な財源を確保するために課された税金（所得税と住民税）。

9 日本国債は格付けでの評価が低いけど大丈夫？

POINT

民間の格付けは参考程度。本来の価値はCDSで確認

国債の本当の価値はCDSが教えてくれる

新聞などで「日本国債の格付けがAAからAAマイナスに下がった」などと報じられるたびに、こうした格付け機関の評価を根拠に「日本国債はいずれ暴落する」と主張する人がいます。

しかし、私の長年の経験からいわせてもらうと、民間格付け機関の意見など参考程度のものので、大した情報ではありません。それを、あたかも大事件かのように大々的に報道して大騒ぎするのは、専門家からすると「非常に馬鹿馬鹿しい」というのが本音です。

日本国債の本当の価値を知りたいのなら、CDS（クレジット・デフォルト・スワップ）を見るべきです。CDSとは、デリバティブ[※]の一種で、国の破綻に備える保険のようなもの。保険料を払って債務元本を保証してもらう仕組みで、破綻リスクが高い債券ほど、CDSの数値も高くなります。CDSは状況によって変化しますが、民間格付け機関よりもずっと実状を反映したデータであることは間違いありません。

現在の日本のCDSは31ベーシスポイント＝約0・3％と、先進国の水準を十分に満たしており、財政破綻の心配はほとんど無いと断言できます。

このことからもわかるとおり、日本の財政は、財務省が煽るような危機的な状況ではないと断言できます。増税という緊急策を取らずとも、**政府がせっせと国債を発行し、日銀がせっせと民間金融機関から国債を買いさえすれば、日本経済は十分に立て直すことが可能**なのです。

※デリバティブ…先物取引やオプション取引など、株式、債券、為替などの原資産から派生した金融商品の総称。

お答えしましょう!

日本国債の破綻リスクは非常に低い。それはCDSを見ればあきらかです。格付けをうのみにしてはいけません。

■国債の格付け評価とCDS（2022年11月9日現在）

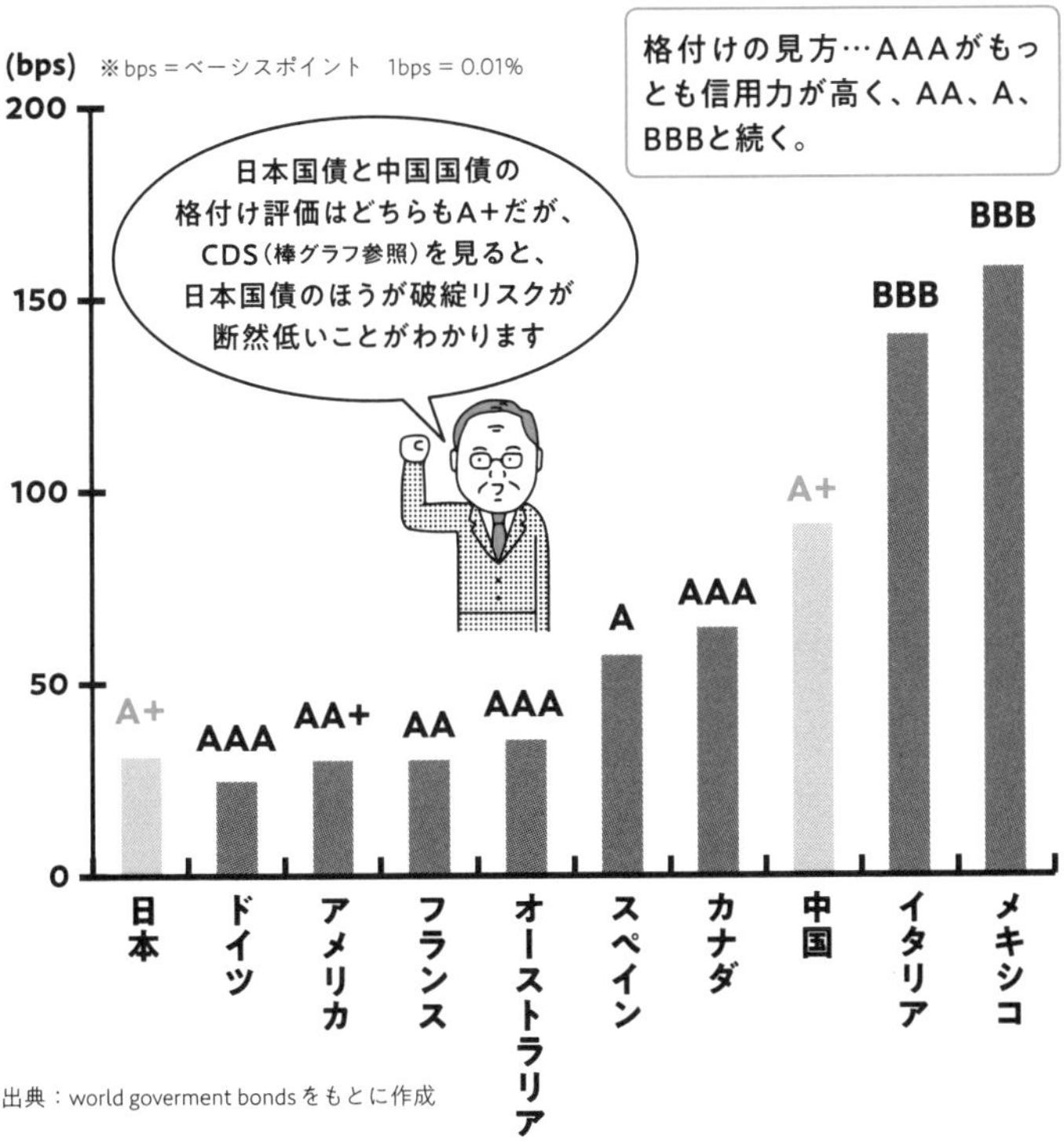

出典：world goverment bondsをもとに作成

KEYWORD

CDS（Credit default swap）……デリバティブの一種で、債務不履行に伴うリスクを対象にした金融派生商品。

財政破綻 138ページ

資金繰りが行きづまり、政府が対外債務（国債や地方債）の利息の支払いや元本の精算ができなくなること。

国債 138ページ

国が発行する債券のこと。財政支出が税収入でまかなえなくなると、国は国債を発行。国の申し出に賛同した投資家が国債を購入することで、国にお金が入る仕組み。国債は借金にあたるので、満期が来ると投資家には元本が返済され、合わせて発行時に定められた利率で利子が支払われる。

緊縮財政 138ページ

公的支出を抑え、歳出を少なくすることで、赤字削減や景気好転を図る試みのこと。リーマンショックに端を発する世界金融危機によって財政赤字に陥った各国で採用された。

日銀引受け 140ページ

新規発行の国債について、国と日銀が市場を介さずに直接取引すること。財政規律が弛緩し、無駄な支出が増加する懸念から基本的に禁止されている。

債務不履行 145ページ

債券発行元の財政悪化などから債務の返済ができなくなること。デフォルトともいう。2022年にはガーナのユーロ債、スリランカが債務不履行に陥った。

バランスシート 146ページ

民間企業の貸借対照表（資産・負債・純資産の状態を表した書類）のように、財務省も政府のバランスシートを公表している。

財務省 150ページ

2001年1月に大蔵省を改編改称して発足。国の財務管理や税制の企画・管理、通貨の信頼性維持と外国為替相場の安定などのほか、国有財産、酒類・たばこ・塩事業なども担当。

天下り 150ページ

中央省庁の公務員（官僚）が退職後に、関連のある民間企業や団体などに再就職すること。

復興増税 152ページ

東日本大震災からの復興財源にあてるため、2013年1月1日～2037年12月31日まで、通常の所得税に上乗せして税率2・1％の復興特別所得税が徴収されている。

税制改正大綱 152ページ

各省庁から上がってくる税制改正の要望などを受け、与党の税制調査会が中心となって翌年度以降の税制改正の方針をまとめたもの。毎年12月に閣議決定する。

防衛費 152ページ

国の歳出予算のうち軍事費、国防費に該当する費用のこと。現在の日本の防衛費はGDP比1％だが、2027年度にGDP比2％へ増額するなどの方針が固まった。

格付け 154ページ

格付機関が債券やその発行体、金融機関などの債務支払能力を評価し、信用力を示したもの。格付けが低くなると債務不履行の可能性が高まる。

CDS 154ページ

クレジット・デフォルト・スワップ。国や企業の破綻リスクを売買する金融派生商品（デリバティブ）で、投資対象の破綻に備えた保険の機能を持つ。

参考文献

■『めちゃくちゃ売れてるマネー誌ZAiが作った世界で一番わかりやすいニッポンの論点10』
編：髙橋洋一×ザイ編集部（ダイヤモンド社）

■『いまさら聞けない！「経済」のギモン、ぶっちゃけてもいいですか？』
著者：髙橋洋一（実務教育出版）

■『実生活で役立つ“武器”になる！ 明解 経済理論入門』
著者：髙橋洋一（あさ出版）

■『国民のための経済と財政の基礎知識』
著者：髙橋洋一（扶桑社）

■『99％の日本人がわかっていない 新・国債の真実』
著者：髙橋洋一（あさ出版）

■『岸田政権のウソを一発で見抜く！日本の大正解』
著者：髙橋洋一（ビジネス社）

索引

監修：髙橋洋一（たかはし・よういち）
1955年東京都生まれ。東京大学理学部数学科・経済学部経済学科卒業。博士(政策研究)。1980年、大蔵省（現財務省）入省。大蔵省理財局資金企画室長、プリンストン大学客員研究員を経て、2006年から、内閣府参事官、内閣参事官等を歴任。小泉内閣・安倍内閣で経済政策の中心を担い、2008年で退官。金融庁顧問、株式会社政策工房代表取締役会長、2010年から嘉悦大学経営経済学部教授。
主な著書に、第17回山本七平賞を受賞した『さらば財務省！ 官僚すべてを敵にした男の告白』（講談社）等、ベストセラー多数。

STAFF
表紙・本文イラスト／大野文彰
表紙・本文デザイン／山之口正和＋齋藤友貴（OKIKATA）
写真／斎藤泉
DTP／出嶋勉（decoctdesign）、奥主詩乃（株式会社アッシュ）
編集協力／酒井富士子、白石悠、大胡高輝（株式会社回遊舎）、
鈴木弥生、今井康宏、平田治久（NOVO）
校正／株式会社聚珍社

新聞・テレビ・ネットではわからない
日本経済について
髙橋洋一先生に聞いてみた

2023年4月11日　第1刷発行

監修　髙橋洋一
発行人　土屋　徹
編集人　滝口勝弘
編集担当　神山光伸
発行所　株式会社Gakken
〒141-8416 東京都品川区西五反田2-11-8
印刷所　中央精版印刷株式会社

●この本に関する各種お問い合わせ先
・本の内容については、下記サイトのお問い合わせフォームよりお願いします。
https://www.corp-gakken.co.jp/contact/
・在庫については　Tel 03-6431-1201（販売部）
・不良品（落丁、乱丁）については　Tel 0570-000577
学研業務センター　〒354-0045 埼玉県入間郡三芳町上富279-1
・上記以外のお問い合わせは　Tel 0570-056-710（学研グループ総合案内）